本书出版受
省级文物专项资金支持

跬步

辽宁考古工作
70年大事记

辽宁省文物考古研究院 / 编

辽宁人民出版社

图书在版编目（CIP）数据

跬步：辽宁考古工作70年大事记 / 辽宁省文物考古研究院编 . -- 沈阳 ：辽宁人民出版社，2024. 12.

ISBN 978-7-205-11409-1

Ⅰ．K872.31

中国国家版本馆 CIP 数据核字第 2024R107P8 号

出版发行：辽宁人民出版社

地址：沈阳市和平区十一纬路 25 号　邮编：110003

电话：024-23284325（邮　购）　024-23284300（发行部）

http://www.lnpph.com.cn

印　　　刷：辽宁一诺广告印务有限公司

幅面尺寸：185mm×260mm

印　　张：13.5

字　　数：220 千字

出版时间：2024 年 12 月第 1 版

印刷时间：2024 年 12 月第 1 次印刷

责任编辑：高　丹

装帧设计：丁末末

责任校对：吴艳杰

书　　　号：ISBN 978-7-205-11409-1

定　　价：88.00 元

序言

茫茫辽沈大地，悠悠古韵今风。这片被山海环抱、由辽河滋养的黑土地，不仅镌刻着中华文明起源的绚丽篇章，更见证着新中国考古事业筚路蓝缕的壮阔征程。值此辽宁考古事业开创七十年之际，我们回溯往昔岁月，勾勒时光年轮，开启这场今人与百万年人类史、一万年文化史、五千年文明史穿越时空的对话。

当考古工作者在营口金牛山洞穴剥离出 26 万年前的人类头骨化石时，那些石化的骨骼，正以沉默的形态讲述着远古传奇——这里不仅保存着东北地区最完整的早期智人化石，更留存着古人类用火的印记，篝火余烬中，东亚古人类向着文明蹒跚启程。从牛河梁遗址规模宏大的礼制建筑，到青铜短剑折射出的文明锋芒；从渤海边气势恢宏的秦皇行宫，到色彩绚丽的汉魏壁画墓；从三燕故都的慕容鲜卑英姿，到奉国寺的肃穆庄严大佛，辽宁大地的考古发现默默实证着中华五千年文明特征，述说着统一的多民族国家形成历史。

这部大事记以编年体例忠实记录了 1954 年东北文物工作队成立以来的 2 万多个日夜。当泛黄的田野记录与数字化三维建模数据相遇，当手绘线图与卫星遥感影像重叠，我们看见的不仅是考古技术的革新跨越，更是几代考古人薪火相传的坚守。那些为探索求实深耕田野的专注目光，为保护文化遗产不畏风霜的坚定身影，虽千万人吾往矣的执着追求，共同铸就了辽宁考古特有的精神品格。这种品格既包含着对历史文化的敬畏尊重，也延续着文明起源的开创维艰，更凝结着考古人将青春热忱奉献给考古事业的无悔赤诚。

在数字化浪潮重塑人文研究的今天，重读这些带着泥土芬芳的考古纪事，让我们真正明白，考古发现始于田野，看似平常的刮面划层，恰恰是破译文明密码的核心能力；内涵阐释来源于积淀，厚厚的器物卡片，则是解开历史谜团的钥匙。"不积跬步，无以至千里"，考古事业的生命力正源于每一次细致入微的观察与发掘，每一天不辍不息的记录与积累，每一程不容错过的传承与创新。

这部记录着七十年跬步印记的大事记，既是对辽宁考古人"日拱一卒"精神的礼赞，更是对构建文化自信的哲学诠释。溯源历史、寻脉中华，新时代的辽宁考古人依然保持着丈量文明的两种姿态：弯下腰去，在方寸探方里格物致知；抬起头来，于万里山河间赓续文脉——这或许正是"跬步"与"千里"的永恒辩证法，是考古学给予这个时代最深邃的启示。

我们期待更多人在这些朴素的考古事件中，读懂辽宁考古这首平实的史诗，触摸中华文明多元一体的深层脉动，听见人类文明交流互鉴的永恒回响。

辽宁省文物考古研究院

2024 年 12 月

目录
MULU

1954 年	▷ 001		1972 年	▷ 025
1955 年	▷ 002		1973 年	▷ 026
1956 年	▷ 004		1974 年	▷ 028
1957 年	▷ 007		1975 年	▷ 030
1958 年	▷ 009		1976 年	▷ 032
1959 年	▷ 011		1977 年	▷ 035
1960 年	▷ 012		1978 年	▷ 038
1961 年	▷ 013		1979 年	▷ 041
1963 年	▷ 015		1980 年	▷ 046
1964 年	▷ 016		1981 年	▷ 048
1965 年	▷ 017		1982 年	▷ 049
1967 年	▷ 020		1983 年	▷ 051
1968 年	▷ 021		1984 年	▷ 055
1969 年	▷ 022		1985 年	▷ 057
1970 年	▷ 023		1986 年	▷ 058
1971 年	▷ 024		1987 年	▷ 060

1988 年　　　▷ 064

1989 年　　　▷ 066

1990 年　　　▷ 071

1991 年　　　▷ 074

1992 年　　　▷ 079

1993 年　　　▷ 083

1994 年　　　▷ 089

1995 年　　　▷ 094

1996 年　　　▷ 096

1997 年　　　▷ 100

1998 年　　　▷ 103

1999 年　　　▷ 107

2000 年　　　▷ 110

2001 年　　　▷ 115

2002 年　　　▷ 118

2003 年　　　▷ 121

2004 年　　　▷ 126

2005 年　　　▷ 128

2006 年　　　▷ 131

2007 年　　　▷ 135

2008 年　　　▷ 137

2009 年　　　▷ 141

2010 年　　　▷ 145

2011 年　　　▷ 148

2012 年　　　▷ 152

2013 年　　　▷ 158

2014 年　　　▷ 162

2015 年　　　▷ 167

2016 年　　　▷ 171

2017 年　　　▷ 176

2018 年　　　▷ 181

2019 年　　　▷ 187

2020 年　　　▷ 190

2021 年　　　▷ 194

2022 年　　　▷ 198

2023 年　　　▷ 202

1954 年

5月至6月　　　　徐秉琨、孙守道等发掘辽阳市唐户屯汉墓、桑园子汉墓及明代河上军事监视哨址。清理唐户屯汉墓 86 座，桑园子汉墓 148 座，明代河上军事监视哨址 1 座，总计出土文物 6260 件（组）。

8月至10月　　　李文信、徐秉琨等发掘鞍山市陶官屯金代遗址。清理房址、石墙基等遗存。出土铡刀、车器、马衔等铁器，磁州窑、北方黑绿釉窑、钧窑及龙泉窑系瓷片，以及铜簪装饰品及唐至金元时期的钱币等。

陶官屯遗址出土瓷器

10月至11月　　孙守道、徐秉琨等发掘辽阳市三道壕、袁家堡汉墓。

11月　　　　　徐秉琨、李庆发等发掘辽阳市鹅房汉墓群。

1955 年

5月至8月　　李文信、孙守道等发掘辽阳市三道壕西汉遗址。发掘面积 10000 平方米。发现居住址 6 处、水井 11 眼、砖窑址 7 座、铺石道路 2 段、瓮棺葬 368 座。出土各式铁农具、车马器、陶制器皿、货币等遗物万余件。三道壕遗址是我国第一次大规模发掘的汉代聚落址，对研究 2000 年前汉代农村的生产、生活、葬俗等情况具有重要意义。

5月至11月　　徐秉琨、李庆发等发掘辽阳市徐往子、三道壕、北园等地汉墓、瓮棺墓和辽墓。

10月　　徐秉琨等发掘辽阳市大林子辽王翦妻高氏石棺墓。

11月　　徐秉琨、李庆发等发掘辽阳市鹅房汉墓群。两年共清理墓葬 54 座。发现的土坑墓、砖室墓和石筑墓三类墓葬形制，代表了辽宁地区中小型汉墓发展轨迹，为探讨辽阳地区汉代平民墓葬提供了宝贵资料，同时也丰富了对汉代辽东郡丧葬习俗、社会生活、物质文化和礼仪观念等方面的认识。

北园 3 号墓壁画《讲经图》

11月至12月　　陈大为等发掘旅大市亮甲店粉土崖汉墓和二道河子村东青铜时代遗址及墓葬。

鹅房汉墓壁画《讲经图》

本年　　　　　东北博物馆文物工作队清理凌源县海岛营子村马厂沟青铜器窖藏。发现16件周初铜器，计有夔凤纹盘鼎1件、瓿2件（饕餮纹瓿、弦纹瓿）、簋3件（鱼父癸簋、饕餮纹簋、蔡簋）、"匽侯"盂1件、卣2件（戈父庚卣、"史戍"卣）、兽首罍2件、贯耳壶1件、蝉纹盘1件、鸭形尊1件。另外2件残碎。其中盂的铭文为"匽侯作盂"，系燕侯所作的盛食器。这批窖藏铜器的发现为研究燕文化在东北地区的传播提供了重要的实物资料。

马厂沟青铜器窖藏出土"匽侯"盂

1956 年

3月至5月 　　孙守道、陈大为等发掘桓仁满族自治县水库淹没区文物古迹。清理高句丽墓葬数座。出土文物 2000 余件（组）。

4月 　　孙守道、郭文宣发现建平人肱骨。经古人类学家吴汝康研究，建平人体质特征接近现代人，根据共生的哺乳动物化石初步判定其年代大概是旧石器时代晚期。建平人肱骨的发现，丰富了我国研究古人类体质的宝贵材料，同时，这是在辽宁省境内第一次发现人类化石，对于了解更新世时期我国古人类的分布也具有重要的意义。

5月 　　东北博物馆文物工作队发掘新民偏堡子沙岗青铜时代遗址。出土饰有压印纹、附加堆纹、刻画纹等纹饰的深腹罐、高足钵，独具特色，被命名为偏堡子文化。

偏堡子沙岗遗址地貌

西岔沟墓地地貌

5月至9月 　　孙守道、陈大为等清理西丰县西岔沟古墓群。清理墓葬63座以及墓葬被破坏后的盗掘坑562个。出土的各类陶器、大量金属武器、手工工具、车马具及铜镜、货币、牌饰、珠饰、石质工具等随葬品，显示出该墓地复杂的物质文化面貌。墓地位于当时辽东郡长城之北，所出遗物对研究古代汉族文化与北方民族文化的交流有着重要的意义。

西岔沟墓地出土铜牌饰

9月至10月 　　王增新、陈大为等发掘抚顺市前屯、西沙窝、洼浑木3处墓葬及营盘村石棺墓。

10月	孙守道等清理锦西县寺儿堡青铜短剑墓。出土青铜短剑等一批重要文物。
10月至11月	孙守道、王增新等发掘凌源县小转山子青铜时代遗址。
	冯永谦、张彦儒等清理新民县巴图营子、建平县张家营子及朱碌科辽墓。

巴图营子辽墓出土三彩牡丹纹高座盘

张家营子辽墓出土迦陵频伽纹铜镜

1957 年

4月 　陈大为等发掘北票县房身村晋墓。发掘石筑长方形单室墓3座。出土有金银饰件、铜镜、钱币等大量随葬品。花树状金步摇、透雕龙凤金饰和花蔓状金饰在我国东北地区是首次发现，为研究我国北方古代民族的物质文化和民族间的文化交流提供了新资料。

　李庆发、金殿士、王增新等清理辽阳县金厂辽画像石墓。

　刘谦等发掘锦州市郊钟屯乡山河营子青铜时代遗址。

房身村晋墓出土金步摇

5月 　王增新等发掘辽阳县南雪梅村汉魏壁画墓及石棺墓。

　清理沈阳市崇寿寺塔地宫，出土石函铭文记载该塔原名为"释迦佛生天舍利塔"，建于辽天祚帝乾统八年（1108）。

孙守道、张彦儒等发掘新民县前当铺金元遗址。出土铁、铜、酱色釉鸡腿坛等文物1021件（组）。

王增新、李庆发等发掘辽阳市棒台子汉代壁画墓和隆昌州辽墓。

陈大为、王增新等发掘大伙房水库淹没区的莲花堡、江南河、下洼子、东社、前屯等地遗迹。

棒台子1号墓壁画《星云图》

1958 年

4月   朱贵、王增新等发掘朝阳县十二台营子青铜短剑墓群。出土兵器、马具、装饰品、渔猎用具、纺织和手工业工具等遗物。该墓群是辽宁地区第一次正式清理的随葬品较为丰富的青铜短剑墓。出土的琵琶形青铜短剑具有浓郁的北方特色，同出有多钮铜镜，二者共生是这类青铜短剑墓葬文化性质的重要内涵。墓群年代初步判定为春秋中期。墓地随葬品反映出当时北方民族的渔猎游牧生活和较发达的青铜冶铸技术，体现了古代各族人民之间的交流和融合。

十二台营子青铜短剑墓出土青铜短剑与多钮铜镜

5月   张彦儒等清理锦西县西孤山辽萧孝忠墓。墓葬开岩成圹，砖筑，券顶，圆形，单室。墓内壁四周镶柏木板。发现铜丝套、鎏金冠残片、绿釉凤首长颈瓶、黄釉鸡冠壶、三彩牡丹小方碟、三彩海棠盘、铁马镫等随葬品。出土墓志一合，上刻 18 行契丹文志文，志盖里刻汉字 12 行。记载墓主人萧孝忠葬于辽大安五年（1089）。墓葬的发现为研究契丹民族历史和文字提供了新资料，另外，此墓有绝对年代，为辽墓、辽瓷分期尤其是为研究辽三彩釉器、绿釉长颈瓶等的流行时间，提供了可资断代的时代标尺。

东北博物馆文物工作队清理沈阳市南市区热闹路热爱里1号院战国墓。

<table>
<tr><td>5月至9月</td><td>东北博物馆文物工作队发掘锦西县大卧铺村辽金时期画像石墓。清理八角形的画像石墓2座。墓内画像石共7面，均为浮雕，北面正壁为主人宴饮，其余6面为孝子、义妇、友悌等人物故事。反映了契丹民族的社会生活、风俗习惯、思想意识和艺术风格，在一定程度上反映了民族之间的交往、交流与交融。本次发掘初次为辽宁地区辽金时期的画像石墓提供了明确的墓葬结构、画像内容、出土遗物等资料，拓宽了对辽代画像石墓的认识。</td></tr>
<tr><td>6月</td><td>孙守道、王增新等清理朝阳市中山营子唐"朝散大夫"墓及西大营子唐孙默墓。这是东北地区首次发现唐代墓葬，为研究唐代东北地区的社会风俗、丧葬制度提供了一批全新的资料。</td></tr>
</table>

1959 年

1月   辽宁省博物馆文物工作队调查北票县白石硴子水库和本溪县观音阁水库，发现新石器时代遗址 5 处，高句丽古墓百余座。

本年   辽宁省博物馆文物工作队发掘桓仁满族自治县水库和沙尖子水库淹没区的遗址及墓葬。清理高句丽墓葬 20 座，发现城址 1 座。

高句丽山城城墙

1960 年

7月　　　　　金殿士等发掘喀喇沁左翼蒙古族自治县三台子乡汉墓。发掘墓葬 7 座。这是在辽宁省西部山区大凌河上游首次发现汉代墓葬。

8月　　　　　锦州市文物训练班发掘张扛村辽墓。清理墓葬 4 座。出土了一批富有时代特征的随葬器物，为探讨辽代早期墓葬形制及分期提供了依据。

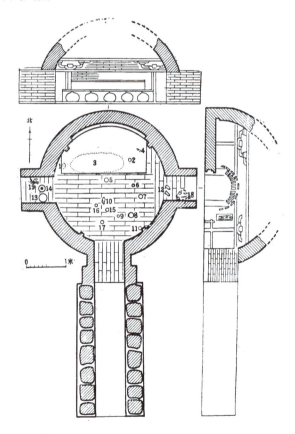

张扛村辽墓 M1 平、剖面图

1961 年

11月　　　　韩宝兴、李庆发等清理发掘喀喇沁左翼蒙古族自治县尖山子辽王悦墓。出土墓志一合，志盖刻楷书"故太原郡王墓志铭"，盖四斜面刻十二生肖。志文33行1004字。王悦不见《辽史》记载，官阶不高。从墓志得知王悦系唐义武军（定州）节度使处直曾孙，辽同政事门下平章事郁孙，可补《辽史·王郁》的疏略。志文中的"明殿左相""严胜龙卫兵马都部置"等官名不见于《辽史·百官志》，可补史缺，此外，志文还可补《辽史·地理志》诸事。对于研究辽代历史具有重要的史料价值。

王悦墓志拓片

金德宣等发掘阜新市清河门西山村辽萧氏墓地水井及引水沟。

12月　　　　陈大为等发掘朝阳市金代夫妻合葬壁画墓。墓葬为青长方砖砌筑，四角攒尖顶。四壁绘壁画6幅，用墨线勾勒轮廓，红、绿、灰三色渲染。有备膳图、准备出行图等，墓门处墨书题记墓主人为马令及其妻，葬于金大定二十四年（1184）。此墓的发掘对研究金代建筑、雕刻、绘画艺术、埋葬制度、服饰装束以及风俗习惯等具有重要价值。

本年　　　　辽宁省文物工作干部训练班对丹东市瑷河尖古城址开展工

作。城内有建筑址，瓦砾堆积厚，汉代遗物数量较多。后来，此地发现一块带有"安平乐未央"的圆瓦当，"安平"即安平县，证明此城确是汉代辽东郡安平县治所在。此城地处鸭绿江下游，接近入海口，为当时辽东东部海陆交通干线上的

瑷河尖古城出土
"安平乐未央"瓦当

一个重镇，为研究汉代边疆历史提供了重要的考古资料。

瑷河尖古城地理位置

1963 年

4月　　　　　　　李庆发等发掘朝阳市西上台唐墓和朝阳县柳木匠沟辽墓。

4月至6月　　　　辽宁省博物馆文物工作队分组调查与发掘朝阳、北票、辽
　　　　　　　　阳等地古墓葬 32 座、古城址 2 处，古遗址、塔址、古钱出土
　　　　　　　　地各 1 处。共出土与采集文物 418 件（组）。

9月　　　　　　　中朝联合考古队考察鞍山市海城县新石器时代墓葬及析木
　　　　　　　　城石棚及大屯公社青铜短剑墓。

10月至11月　　　沈长吉、于崇源、李恭笃等发掘沈阳市伯官屯汉魏墓葬群。
　　　　　　　　清理汉魏时期的墓葬 6 座、瓮棺葬 3 座。

12月　　　　　　冯永谦等清理北票县上园老虎沟元代遗址。

海城析木城石棚

1964 年

5月至6月　　　　中国社会科学院考古研究所发掘大连市甘井子区营城子乡岗上、楼上青铜时代墓地。

岗上墓地全景

11月　　　　辛占山等发掘朝阳县西五家乡辽耶律延宁墓。出土墓志一合，记载墓主耶律延宁葬于统和四年（986），曾出任羽厥里节度使。该墓早期曾遭盗掘，出土的文物虽然较少，但有明确纪年，为了解辽代早期墓葬的形制以及文物制度等方面都提供了新的可靠资料。此外，耶律延宁墓志中上半部分刻契丹字，下半部分刻汉字，这种合璧的形式十分少见，是研究契丹文的重要实物资料。

本年　　　　锦州市地志博物馆发掘张扛村辽墓。

1965 年

2月至3月	孙守道等发掘辽阳县张台子青铜时代石棺墓。

5月　　　　　冯永谦等发掘阜新蒙古族自治县知足山砬子沟、胡宝吐等地辽墓。

5月至6月　　中国社会科学院考古研究所东北工作队安志敏、郑乃武等发掘沈阳郑家洼子青铜时代遗址。

孙守道、陈大为等发掘朝阳市郊区唐左才墓及张秀墓。出土有镇墓兽、仪仗俑、文官俑、女侍俑等大批文物，第一次取得完整发掘泥俑的经验。

6月至7月　　冯永谦、李庆发等发掘法库县前山辽萧袍鲁墓及羊草沟、丁家房、小三家子辽墓。

8月　　　　　辽宁省博物馆、沈阳市文物管理办公室、沈阳故宫博物馆联合发掘沈阳市郑家洼子青铜时代墓群。清理青铜短剑墓14座。其中发现了1座同期在东北地区前所未见的大墓，随葬有铜、陶、石、骨器42种797件。该墓墓主人装束极具特色，头上戴有铜簪、骨簪，颈下佩戴蓝绿色天河石串珠。右侧腰部佩"辽宁式铜剑"，木剑鞘外套铜镖。右膝盖旁有刀囊和斧囊，刀囊内插有骨柄弧背铜刀、铜锥，斧囊旁放置铜斧与铜凿。脚穿一双满钉铜饰的靴子。此外，在墓主人头上和脚下各立有1面大型铜镜形饰，身体上等距离放置4面稍微小一点的铜镜形饰。墓主人右侧放置 4 匹马的马头饰件，表明墓主人是相当于诸侯等级的人物。该墓群的发掘首次明确了青铜短剑文化的内涵，对廓清沈阳地方的青铜文化面貌，具有重要的历史价值。

郑家洼子 6512 号墓葬全景

朱贵、徐秉琨等发掘北票县西官营子乡北燕冯素弗墓地。清理遗物 470 余件，包括金质"范阳公章"和鎏金铜质"大司马章""辽西公章""车骑大将军章"各 1 枚。出土随葬品中，金步摇冠前饰片上的锤牒佛像反映出当时佛教的东传，木芯包铜鎏金马镫成为研究马具发展的重要资料，鸭形水注等玻璃器堪称国宝级的古代工艺品。冯素弗墓地是十六国时期考古的重要发现之一，对研究北燕的政治制度和墓葬制度具有重要意义，是探讨鲜卑族在辽西地区的发展、三燕社会面貌以及中原民族和北方民族在政治、经济和文化上密切交往的重要实物资料。

冯素弗墓地出土鸭形水注

10月	孙守道等试掘喀喇沁左翼蒙古族自治县水泉公社鸽子洞旧石器时代遗址。 孙守道等发掘北魏刘贤墓。出土一通带鳌座的石碑形墓志，题"刘戍主之墓志" 3 行 6 字，碑文隶书，四面连文环刻，界以棋盘格。刘贤墓志是墓碑向墓志过渡的节点，证实墓志由墓碑发展而来，在中国墓志发展史上具有重要意义。

刘贤墓志

11月	徐秉琨等发掘抚顺市后安高句丽墓葬。
12月	辛占山等清理义县高台子公社水泉沟村耶律庶几辽墓。
本年	辽宁省博物馆文物工作队发掘北票县西官营子乡柳条沟辽墓。

1967 年

4月至5月 　　　陈大为等清理北票县太子山、白相屯等地辽墓。

本年 　　　　　李庆发等清理阜新蒙古族自治县红帽子公社辽塔地宫。

红帽子公社辽塔地宫出土叠胜琥珀盒

1968 年

5月

陈大为、韩宝兴等发掘北票县长皋公社季杖子村辽墓。墓为砖筑多室墓。由墓道、墓厅、额墙、前室、甬道、主室及双耳室组成。前室四壁及甬道两壁均绘有壁画，内容有焰珠六鹤图、仪卫侍从图及仙鹤道童等。随葬品有仿定窑白瓷注壶、盘、碗、罐、碟及铁铃、锁、锛等。此墓年代应为辽代中晚期。季杖子壁画墓的装饰、雕刻和墓内排水设施制作规矩、结构严谨，反映了当时的一般土木工程建筑特点，为我们了解辽代中后期的建筑技术水平提供了宝贵资料。此墓壁画以单幅人物为主，间绘云鹤衬托人物。画面结构无主次之分且省略中心人物的特点和壁画内容具有辽中后期的时代风貌。这是国内首次发现的关于辽代道教内容的壁画，为研究辽代道教的兴行提供了新资料。

季杖子墓壁画《男侍图》

12月

冯永谦、李庆发等发掘北镇县佟佛村清墓。

本年

陈大为等发掘朝阳市纺织厂院内辽常遵化墓。

1969 年

5月   冯永谦等发掘沈阳市皇姑区北陵公社沙河村清墓。

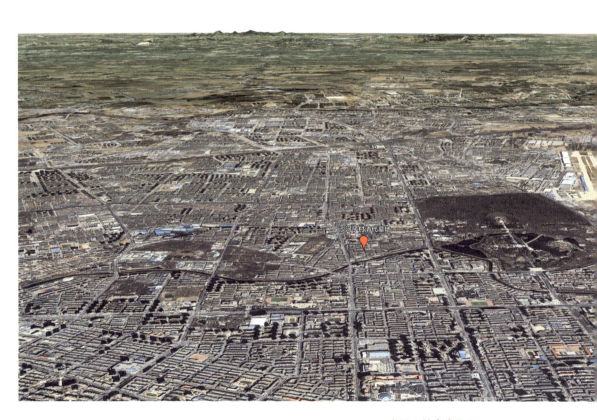

沙河子村清墓地貌

1970 年

9月　　　　　辽宁省图书博物馆文物队人员清理朝阳县六家子青铜时代墓葬，出土有铜盔甲、车马器、金饰品等，其中铜銮、羊首形铜饰具有中原风格。

12月　　　　　孙守道、郭大顺等清理北镇县富屯公社龙岗村辽耶律宗政、耶律宗允二墓。两墓形制结构基本相同，主室为八角形，耳室均为六角形，圆券顶，整个墓壁用白灰抹面，施以壁画。两墓均早年被盗，文物损失殆尽，但是出土了三方保存完整的墓志，较为详尽地记载了耶律宗政兄弟及其父耶律隆庆的世系、官爵封号，对于补校《辽史》等文献有一定的价值，为研究辽代中晚期的历史提供了新资料。同时，三方墓志记载的内容为寻找辽代的乾、显二陵提供了重要的线索。

耶律宗政墓志拓片

本年　　　　　辽宁省图书博物馆文物队清理翁牛特旗辽墓。出土了许多花色多样的丝织品，其中首次发现的辽代印染丝罗，对考察中国古代织绣、印染及染色工艺发展历史具有重要的科学价值。

1971 年

9月　　　　　　　徐秉琨、许玉林等发掘北票县北四家子公社水泉一号辽墓。出土了飞鱼形青瓷水盂、白釉"官"字款花式大碗和契丹族习用的绿釉鸡冠壶等68件珍贵文物。

青瓷水盂

12月　　　　　　孙守道、徐秉琨、郭大顺等发掘朝阳县六家子公社魏营子西周木椁墓。

魏营子村地貌

1972 年

韩贞墓出土三彩三足罐

4月　　　　朝阳地区博物馆清理唐韩贞墓。此墓出土了辽宁地区首次发现的唐三彩器物。

　　　　　孙守道、徐秉琨、郭大顺等清理朝阳县六家子公社魏营子西周墓葬。

4月至6月　辽宁省文物考古干部培训班发掘北票县丰下青铜时代遗址。发掘半地穴式房址 18 座，皆外围石墙，内墙为土坯垒砌，个别为土墙，也有石砌的。出土的彩绘陶器独具特色，以朱、白色为主，饰有云雷纹或卷云纹。还发现有卜骨。该遗址整体上具有浓厚的龙山文化因素和早商文化特点。独特的文化面貌使该遗址成为辽西地区一处重要的夏家店下层文化遗址。

10月　　　李庆发等发掘朝阳市于家窝堡等地唐墓。

　　　　　孙守道、徐秉琨等发掘凌源县西八间房旧石器时代遗址。发现石核、石片、尖状器和刮削器等石制品 49 件。遗址中最具特点的是带有细石器打法的小石片、长石片。动物化石有 5 种，其中原始牛是绝灭种。从石制品特征及动物种属判断该遗址已进入晚更新世之末。这是辽宁省首次发掘的旧石器时代文化遗址。

11月　　　许玉林、李庆发等发掘盖县九垅地东汉墓群。

1973 年

3月至7月　徐秉琨、郭大顺、孙守道等清理喀喇沁左翼蒙古族自治县平房子公社北洞村青铜器窖藏坑。共发现两处青铜器窖藏坑，一号坑出土 5 件形制相同的小口广肩罍，其中 1 件罍有铭文 6 字，瓿 1 件。二号坑出土 6 件青铜器，有方鼎 1 件（"罌"鼎）、圆鼎 2 件（"父辛"鼎、蝉纹鼎）、蟠龙盖罍 1 件、方座簋 1 件、钵状器 1 件等，方鼎有铭文 24 字，记作器者受到"执"的赏赐，又有徽号。这些重要发现为研究商周时期东北地区与中原地区的关系提供了重要线索。

北洞青铜器窖藏出土罍

5月至6月　辽宁省博物馆文物工作队、中国科学院古脊椎动物与古人类研究所联合发掘喀喇沁左翼蒙古族自治县鸽子洞旧石器时代遗址。发现人骨化石、石制品和大量哺乳动物化石。人骨化石包括头骨的颞骨、顶骨残块和髌骨，石化程度一般，形态与智人相似。石器数量不多，以石片石器为主，采用锤击法进行剥片，单面加工、两面加工和错向加工兼具。石器类型有刮削器、尖状器和砍砸器等，其中刮削器最多。据动物群生态分析，鸽子洞人活动时期气候是寒冷的。

6月　旅大市、县（区）文物干部培训班发掘旅顺将军山积石墓和水师营寺儿沟元代砖石墓。

7月 　　　　徐秉琨、郭大顺、方殿春等发掘阜新蒙古族自治县胡头沟新石器时代遗址。发现红山文化玉器 15 件。

7月至8月 　　　沈阳市文物管理办公室发掘新民县高台山遗址。清理墓葬 7 座。出土了一批新乐上层文化类型遗物。

8月 　　　　锦州市博物馆发掘锦县娘娘宫乡潘屯沉船遗址。

10月 　　　　方殿春、李宇峰等发掘辽阳县南雪梅村东汉墓群。

10月至11月 　　徐秉琨、许玉林、郭大顺等发掘赤峰县、四分地、东山嘴、香炉山等地青铜时代遗址和翁牛特旗辽墓。

10月至12月 　　曲瑞琦、沈长吉等试掘沈阳市新乐新石器时代遗址。

本年 　　　　辽宁省博物馆文物工作队发掘大连市郭家村新石器时代遗址。

1974 年

1月   曲瑞琦、沈长吉等试掘沈阳市新乐新石器时代遗址。经过试掘确立了沈阳地区史前有新乐文化和新乐上层两种文化，分别代表了沈阳地区新石器时代和青铜时代，对沈阳地区史前文化的研究具有历史性的突破。

4月至5月   徐秉琨、冯永谦等发掘法库县叶茂台七号辽墓。墓葬保存完好。出土文物 300 余件，有保存完整的木制棺床小帐、填彩雕刻的四神与卷草火焰纹的大石棺、不同窑场的精美陶瓷器、玻璃器、铜器、漆器以及木桌椅和成套的马具等。出土了我国目前仅有的一套双陆棋实物，在棺床小帐两山墙板悬挂的轴画《山弈候约图》与《竹雀双兔图》是我国首次出土的绘画作品，为中国古代绘画断代与研究提供了可靠的标本。

5月   沈阳市文物管理办公室试掘新民县高台山遗址。揭露面积 140 平方米，清理墓葬 5 座。

5月至6月   李庆发、王晶辰、李宇峰参加并指导辽宁大学历史系工农兵学员师生实习发掘叶茂台八号及九号辽墓。

6月至8月   李庆发、王晶辰、李宇峰等参加昭乌达盟敖汉旗白斯郎营子新石器时代遗址发掘。

7月   金牛山联合发掘队发掘营口县金牛山旧石器时代遗址。

叶茂台辽墓出土《山弈候约图》《竹雀双兔图》

9月至10月　　　李庆发、王晶辰、李宇峰等发掘昭乌达盟克什克腾旗二八地辽墓。

12月　　　　　李庆发、孙力等清理喀喇沁左翼蒙古族自治县平房子公社山湾子青铜器窖藏。共出土青铜器 22 件，其中 15 件有铭文。

1975 年

春   李庆发、李宇峰、方殿春等开展辽西地区燕秦长城专题调查。

3 月   陈大为等发掘朝阳县沟门子晋壁画墓。清理长方形石筑单室墓 1 座。

4 月   冯永谦等发掘新宾满族自治县房身清王朝贵族墓。

6 月至 9 月   姜念思、冯永谦等发掘鞍山市倪家台明代崔源族墓地。共发掘墓葬 19 座。出土文物 260 余件（组）。有墓志的墓葬共 7 座，分别为崔源夫妻合葬墓、崔胜夫妻合葬墓、崔鑑夫妻合葬墓、崔锴夫妻合葬墓、崔哲夫妻合葬墓、崔贤夫妻合葬墓、崔世武夫妻合葬墓。19 座墓葬形制除崔鑑夫妻合葬墓基本相同，皆为土坑竖穴墓，无墓室和墓道，个别墓有壁龛。随葬器物有瓷器、冠服饰、装饰品、梳妆品、钱币、锡器及泥俑等。发现的崔源墓志记载了明王朝经略东北的历史史实。

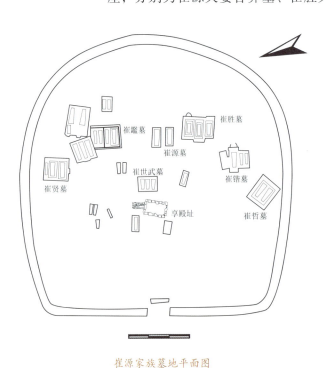

崔源家族墓地平面图

10月　　　　高青山等发掘黑山县新立屯元墓。

秋　　　　金牛山联合发掘队发掘营口县金牛山旧石器时代遗址。

本年　　　　李庆发等发掘建平县张家营子下七家辽墓。

金牛山遗址全景

1976 年

春   李庆发、李宇峰、方殿春等开展辽西地区燕秦长城专题调查。

4月   李庆发、李宇峰等发掘阜新蒙古族自治县大固本辽墓。

4月至9月   辽宁省博物馆文物工作队发掘法库县叶茂台十六号辽墓。该墓为砖室墓。由墓道、墓门、甬道、前室、左右耳室和后室组成。墓门两侧是壁画《奉食图》和《相迎图》，甬道两侧绘门卫图，墓道两壁绘有长幅的出行图、归来图。墓葬壁画保存较完好，堪称辽代壁画中的精品。此墓早年被盗，随葬品不多，主要是一些青白瓷片等。主室内出土了一方墓志，记载墓主人为辽代北府宰相萧义，下葬年代为辽天庆二年（1112）。由此始知法库叶茂台地区为辽代后族萧氏的家族墓地。

叶茂台十六号墓壁画《相迎图》《奉食图》

| 5月 | 孙守道、徐秉琨、郭大顺等清理朝阳县六家子公社魏营子西周墓。经过三个年度的清理，共清理9座长方形土坑木椁墓，出土了一批具有北方民族文化因素的器物。这批资料对了解我国北方地区青铜文化的形成发展演变过程及其同中原文化的密切联系具有重要作用。 |

5月至9月　　　　辽宁省博物馆文物工作队与中国社会科学院考古研究所联合发掘昭乌达盟敖汉旗大甸子青铜时代墓地。

7月　　　　　　金殿士、武家昌等发掘昭乌达盟林西县大井子青铜时代古铜矿遗址。发现有采矿、冶炼、铸造遗迹，出土大量的石锤、石镐、坩埚等采矿、冶炼工具。该遗址是中国发现的年代最古老的采、炼硫化铜矿石的遗址，也是中国发现的年代最古老的利用共生矿直接冶炼青铜合金的遗址，同时也是中国发现的年代最古老的冶炼含砷青铜的遗址。它的发现为寻找商周时期锡矿源提供了重要的线索，对探讨中外冶金技术交流、研究古代北方民族的物质文化水平等具有重要的意义。

9月至11月　　　辽宁省首届"工农兵考古短训班"发掘大连市郭家村新石器时代遗址。出土彩陶、石器、蚌角器等文物近2000件（组）。

11月　　　　　武家昌等发掘朝阳县公皋营子唐墓。

郭家村遗址发掘现场

辽宁省博物馆文物工作队发掘凌源县三官甸子青铜时代墓地。该墓地墓葬形制差别较大，多数为随葬品极少的小型土圹竖穴墓，少数为石块砌筑四壁的大型墓葬。随葬品丰富，种类繁多。出土的部分青铜短剑保存完整，是枕状器与柄首牢固结合的珍贵实物标本，也是青铜短剑装柄形式少有的发现。青铜双蛇衔蛙饰件、蛙形饰件、虎衔兔饰件、虎形节约等更是青铜装饰精品。此外，陪葬车马坑是青铜短剑墓例的罕见发现。该墓地的文化

三官甸子墓地出土鹿金饰片

面貌反映了战国时期燕文化与土著文化交流融合的历史事实。

沈阳市第一届文物考古短训班发掘新民县高台山遗址。发掘墓葬 13 座及其他遗迹。

1977 年

春　　　　　李庆发、李宇峰、方殿春等开展辽西地区燕秦长城专题调查。

3月至7月　　　旅大市工农兵考古学习班发掘大连市旅顺口区郭家村新石器时代遗址。经过三个年度的发掘表明郭家村遗址是一处新石器时代贝丘遗址。下文化层发现圆角方形半地穴式房址 11 座。出土了大量的石器，陶器有实足鬶、罐形鼎、红地红彩陶片、红地黑彩陶片、红地复彩陶片和釜形鼎等。碳 –14 测定年代为距今 5065±100 年。上文化层发现圆角方形和圆形半地穴式房址 4 座，陶器有泥质黑陶和蛋壳黑陶、渔网纹陶壶等，还发现有陶猪、陶兽、陶人头像等雕刻艺术品。郭家村下层和上层文化的陶器均具有本地特点，为了解辽东半岛南端新石器时代文化内涵提供了重要资料，对研究辽东半岛和山东半岛地区的文化交流具有重要意义。

郭家村遗址出土渔网纹陶壶

4月　　　　　王绵厚、冯永谦、王增新等发掘赤峰缸瓦窑村辽代瓷窑址。出土"新官"字款窑具和金代剔花白瓷大罐。

　　　　　　旅大市工农兵考古学习班发掘大连市旅顺口区于家村遗址。

5月　　　　　张镇洪、傅仁义等发掘辽阳市安平矿区石灰岩裂隙堆积。

5月至6月　　　　辽宁省博物馆与旅顺博物馆联合发掘长山列岛遗址。在长海县土珠子遗址发现了有明确地层关系的三期文化，为建立旅大地区新石器时代文化的年代序列打下了基础。

5月至7月　　　　辽宁省博物馆、旅顺博物馆联合发掘大连市旅顺口区于家砣头墓地。该墓地为独立的积石冢，中心墓室时代较早，然后有序地向周边扩建和接筑，清理的 58 个墓室呈网格状有序排列。随葬器物中以弦纹壶和圈足罐最具特色。墓地文化属性为双砣子三期，距今约 3000 年。该墓地的发掘将辽东地区青铜时代的开始年代提早至夏代，补充和纠正了辽东地区从新石器时代文化到青铜时代文化年代上的重要缺环。

于家砣头墓地全景

5月至8月　　　　辽宁省博物馆文物工作队与中国社会科学院考古研究所联合发掘昭乌达盟敖汉旗大甸子青铜时代墓地。该墓地总面积约 6 万平方米，共清理出 804 座墓葬，其文化属性为夏家店下层文化。出土了大量的彩绘陶鬲，纹饰主要有兽面纹、云雷纹、勾云纹、菱形几何纹等，与商周青铜器上的纹饰极为相似，表明夏家店下层文化与中原文化之间存在渊源关系。

大甸子墓地出土彩绘陶鬲

| 8月至9月 | 辛占山等试掘康平县顺山屯青铜时代遗址。揭露面积约70平方米。发现房址3座、灰坑10个。 |

9月至12月　郭大顺、李宇峰等发掘翁牛特旗大南沟新石器时代墓地。该墓地共发掘墓葬77座，数座墓排成墓列或聚成墓组，若干墓列或墓组又构成相对独立的墓区。均为长方形竖穴墓，多数经焚烧，其中有一些烧痕较重。以单人葬为主，一般上身仰直，下肢折屈。还有个别无头骨之墓和无人墓。随葬有陶器、石器、骨器、蚌器等。墓地文化属性为小河沿文化。

11月　曲瑞琦、李仲元等清理沈阳市陈相屯魏晋时期石板墓。清理双室石椁墓1座。

12月　李庆发等发掘喀喇沁左翼蒙古族自治县三台西城辽墓。

本年　李庆发、邓宝学等发掘建平县水泉青铜时代遗址。出土陶鬲、石斧、骨镞等文物。

水泉遗址出土陶鬲

1978 年

春 李庆发、李宇峰、方殿春等开展辽西地区燕秦长城专题调查。

5月 辽宁省博物馆文物工作队清理锦州市沈家台旧石器时代遗址。发现打制石器和动物化石。石器特征具有中国旧石器时代晚期打制石器向小型细石器发展的趋势。伴出的动物化石均属河套大角鹿—披毛犀动物群成员。该遗址的发现为进一步在小凌河流域寻找古人类活动提供线索。

5月至11月 曲瑞琦、于崇源等发掘沈阳市新乐遗址。揭露面积 165 平方米，清理房址 1 座。

李庆发、李大钧等发掘建平县水泉青铜时代遗址。经过两年度的发掘初步弄清了遗迹文化内涵。遗址包含夏家店下层文化、夏家店上层文化和战国燕文化三个时期的文化堆积。发掘的遗迹有房址、灰坑、窖穴、窑址、墓葬等。遗物有陶、石、骨、铜、铁器等共计 3000 余件。该遗址主体以夏家店下层文化为主，从地层上证明了辽西地区三种文化的叠压关系。发掘的复杂遗迹现象、出土的大量陶器，为夏家

水泉遗址发掘现场

店下层文化的分期研究提供了科学依据。遗址中层发现的遗迹遗物亦为夏家店上层文化的研究增加了新资料。

6月　　　　　　张镇洪、傅仁义等发掘本溪满族自治县庙后山旧石器时代遗址。

　　　　　　　　沈阳市文物考古工作队发掘沈阳市老虎冲青铜时代遗址。

老虎冲遗址出土双耳大口罐

9月　　　　　　郭大顺、孙力等发掘喀喇沁左翼蒙古族自治县坤都营子小波汰沟青铜器窖藏坑。发现有"圉"簋、饕餮纹圆鼎等。其中"圉"簋记录作器者曾参加周王在成周举行的典礼并受到赏赐，铭文内容与北京琉璃河253号墓发现的方鼎、甗、卣等器铭文相同，显示小波汰沟所出铜器与北京琉璃河燕国

小波汰沟青铜器窖藏
出土"圉"簋

墓地的关系十分密切，同时表明周初燕国的势力范围已到达辽西地区，这对于研究周初的燕国历史有重要史料价值。

　　　　　　　　锦州市博物馆发掘清理锦县右卫汉墓。出土王莽时期的货币及铜镜。

10月至11月　　辽宁省博物馆文物工作队、旅顺博物馆和长海县博物馆发掘广鹿岛新石器时代遗址。此次共发掘5处遗址，其中包含小珠山遗址。通过此次发掘将辽东半岛新石器时代文化分为小珠山上层、中层、下层文化，初步确立了辽东半岛新石器时代文

化序列。

12月　　　　冯永谦等清理辽阳市旧城南门外兴隆村清墓。

本年　　　　张镇洪、傅仁义等发掘丹东市东沟县前阳洞穴遗址和海城仙人洞旧石器时代遗址。

前阳洞穴遗址远眺

1979 年

春　　　　　李庆发、李宇峰、方殿春等开展辽西地区燕秦长城专题调查。发现燕秦长城的南、北二线，其中北线长城为秦长城，南线长城为燕长城。此专题调查基本弄清了两线长城的基本走向。

4月　　　　　辽宁省博物馆文物工作队对喀喇沁左翼蒙古族自治县、凌源、朝阳三县开展文物普查工作。发现了喀左县东山嘴新石器时代遗址、凌源县三官甸子红山玉器墓葬、朝阳县袁台子西汉柳城遗址、朝阳县战国、西汉墓群及凌源县安杖子汉城址等一批重要遗迹。

5月　　　　　李庆发等发掘喀喇沁左翼蒙古族自治县哈达沟青铜短剑墓。

5月至6月　　李恭笃等发掘凌源县五道河子战国墓地。清理墓葬11座，基本为长方形土坑竖穴墓，墓底铺石之上再铺桦树皮，仰身直肢葬，头北向。随葬数量不等的马牙，反映出战国时期北方民族的丧葬习俗。共发现随葬品431件，主要是铜兵器和装饰品。铜兵器中刀、剑、戈为中原地区所常见，铜节约、垂饰、人形饰等属于北方草原游牧民族青铜文化系统。墓地整体反映出了北方各族人民互相融合的文化面貌。

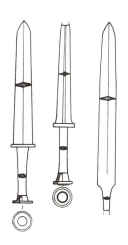

五道河子墓地出土
中原式青铜短剑

和尚沟墓地出土青铜刀

6月　　　　　辽宁省文物普查训练班试掘喀喇沁左翼蒙古族自治县兴隆庄乡和尚沟青铜时代墓地。共清理 22 座土坑竖穴墓。出土曲刃柱脊青铜短剑、青铜刀，随葬陶器基本不见三足器和绳纹陶器。墓葬整体年代基本上与夏家店上层文化相当。

7月　　　　　沈阳市文物考古工作队发掘沈阳市老虎冲青铜时代遗址。

8月　　　　　李宇峰等发掘朝阳县十二台砖厂乡汉墓。

　　　　　　　李恭笃、刘兴林等发掘本溪满族自治县山城子村庙后山 B 洞青铜时代墓葬。

8月至11月　　李庆发、王成生等发掘朝阳县袁台子遗址及墓地。通过发掘袁台子遗址初步掌握了朝阳地区燕国晚期和西汉时期的遗迹、遗物及特征，也为考证战国西城和西汉柳城县故址地望提供了可靠依据。商周至魏晋十六国时期 160 余座墓葬的清理，揭示了不同时期各类墓葬结构、葬俗、随葬品的特点，为研究朝阳地区早期历史提供了重要考古资料。

袁台子遗址出土
"柳城"铭板瓦

　　　　　　　周阳生、于崇源等发掘新民县东高台新石器至青铜时代遗址。

9月至10月　　王成生等发掘朝阳县西大营子公社辽刘承嗣家族墓地。发现 6 座墓葬，有 3 座出土墓志，墓主分别是辽代刘承嗣、刘宇

刘承嗣墓地出土陶高足杯及注壶

杰、刘日泳祖孙三代。据墓志记载，刘承嗣为五代时燕王刘守奇四子。刘承嗣墓志的出土与考释对《辽史·百官志》起到了重要的补正作用。

9月至11月　　　　薛景平等发掘义县大榆树辽梁授墓。

10月　　　　辽宁省博物馆文物工作队发掘喀喇沁左翼蒙古族自治县草场公社南沟门青铜短剑墓。

李恭笃、刘保华等试掘凌源县三官甸子城子山遗址。发现3座出土玉器的红山文化墓葬，为研究红山文化埋葬制度、丧葬习俗提供了新资料。

三官甸子彩陶筒形器

10月至11月　　　　李恭笃等发掘凌源县安杖子城址。城址平面为不规则长方形，呈南北向分布。东北角筑有一近梯形小城。城内发掘的遗存分属三个不同时代，即夏家店上层文化、战国时代和西汉时期。揭露出的房址、灰坑、石子路等遗迹，补充了北方战国—西汉时期城市房屋建筑方面的新资料。出土的齿轮、钻头、锯条和各种铁铸生产工具显示当时北方的生产技术与中原发展水平大体一致。城址中出土了多件铸镞铤的陶范以及坩埚、

鼓风管、炉箅残块等遗物，证明西汉时期我国东北地区的冶铸业已有了相当的发展。此外，出土的19方封泥是研究西汉时期的北方疆域非常珍贵的资料，同时也为安杖子古城址属县的确立及深入研究右北平郡各县的地理位置提供了重要线索。

武家昌等发掘喀喇沁左翼蒙古族自治县白塔子北岭辽代墓地。出土白釉莲花盖壶、白釉复瓣莲纹碗等文物。

11月　　　郭大顺、张克举等发掘喀喇沁左翼蒙古族自治县东山嘴新石器时代遗址。发现一处大型的石砌建筑址，呈南北中轴线分布，分为中心、两翼和南北两端等部分。中心为一南北长9.5米、东西长11.8米的方形基址，东西各距6米分别有两道南北走向的墙基，正南约15米处是直径2.5米的圆形台址，薄石板砌边，中间铺小河卵石，周围出土了2件小型裸体陶塑孕妇像。东山嘴新石器时代遗址是一处相当规模的红山文化祭祀建筑遗址，在总体布局上按南北轴线分布，有中心和两翼主次

东山嘴遗址全景

之分，东西对称，南北方圆对应，开中国传统的建筑布局之
风，对研究红山文化礼仪性建筑及祭祀活动的差异性具有重要
意义。

本年　　　　　　张镇洪、傅仁义等继续发掘本溪满族自治县庙后山旧石器
时代遗址。

李庆发、李宇峰等发掘孟家沟辽墓。

沈阳市文物考古工作队发掘沈阳市铁西区马贝青铜时代遗址。

1980 年

5月至6月   姜念思等发掘建平县喀喇沁公社河东青铜时代遗址。

5月至8月   周阳生、于崇源等发掘新民县东高台新石器至青铜时代遗址。发掘面积750平方米，发掘灰坑8个，清理高台山类型墓葬60余座。该遗址的发掘丰富了对该地区原始文化与青铜文化的认识，特别是不同地层中不同文化遗物的相互叠压关系，为建立沈阳地区考古学文化发展序列提供了科学资料。

东高台遗址地貌

5月至10月   沈阳市文物管理办公室考古队发掘沈阳市新乐新石器时代遗址。

7月   周阳生、周延忠、李晓钟等试掘新民县公主屯后山青铜时代遗址。清理房址1座、灰坑7个、墓葬3座。此次发掘为探讨高台山文化的发展和源流问题提供了新资料。

8月　　　　　　　许玉林、许明纲等发掘新金县安波公社德胜大队双房石盖石棺墓地。

9月至10月　　　　陈大为、李宇峰等发掘朝阳县十二台营子公社后燕崔遹墓。出土墓表2块，一块刻有"燕建兴十年昌黎太守清河武城崔遹"3行15字，另一块刻有"燕建兴十年昌黎太守清河东武城崔遹"3行16字。崔遹墓是迄今唯一有明确纪年的后燕墓葬，为研究十六国时期前燕、后燕和北燕的墓葬年代提供了可资断代的标尺。墓内头部放石灰枕的习俗，在辽阳附近魏晋时期墓里也有发现。该墓的发现为探讨十六国时期中原文化和鲜卑文化的互相影响以及逐步融合提供了新资料。

崔遹墓表拓片

11月　　　　　　　营口市文物普查队清理盖州九垄地乡南窑村石板墓地。清理墓葬7座。均为长方形盖石石棺墓，东西向，因为墓葬内人骨已朽没，葬式不明。墓壁直立，石板多已粉蚀。出土遗物有夹砂黑褐陶叠唇筒形罐、鹤嘴铜镐、銎内戈等。根据出土遗物分析墓葬年代应到早商。鹤嘴铜镐是典型的中国北方式青铜器，叠唇筒形罐是典型的土著文化遗存，二者共出一墓，应是文化交流的结果。

本年　　　　　　　李庆发等发掘建平县新城辽代墓群。

1981 年

4月　　　　　郭大顺、李殿福等调查发现红山文化墓地（牛河梁遗址第
二地点）。清理玉器墓葬 2 座。

李大钧等发掘朝阳县沟门子东山村辽墓。清理砖雕壁画墓 1 座。

4月至10月　　沈阳市文物管理办公室考古队发掘沈阳市新乐新石器时代遗址。

8月　　　　　辽宁省考古博物馆学会成立大会暨第一届学术讨论会在大
连市金县召开。

9月至12月　　丹东市文化局文物普查队调查试掘丹东市东沟县后洼等一
批新石器时代遗址。

10月　　　　　孟庆忠、许志国、周向永等抢救性发掘铁岭县新台子经济
技术开发区邱台战国至汉代遗址。

秋　　　　　　周信学、孙玉峰等发掘大连市古龙山遗址。

1982 年

3月　　　　　辽宁省博物馆文物工作队发掘朝阳县小河南村青铜短剑墓群。

4月　　　　　李庆发等发掘建平县叶柏寿镇西窑村辽墓。

5月　　　　　张镇洪、傅仁义等清理丹东市东沟县前阳旧石器时代洞穴遗址。发现打制石器、动物化石和人类化石。人类化石包含头盖骨、下颌骨、股骨和6枚牙齿，分属2个个体。从头盖骨形态观察，人字缝和冠状缝的内外侧均未完全愈合，齿尖轻度磨蚀，结合股骨头骺线状态，估计前阳人死亡时年龄不足20岁。另外从下颌角不外翻、颞骨乳突较小、顶结节和额结节显著、脑容量较小、骨面光滑等体质特征分析，死者为女性个体。地层年代为距今1.8万年左右，属旧石器时代晚期。前阳人的发现为研究东亚人种形态、人群扩散及文化传播提供了新资料。

前阳洞穴遗址

6月至7月	李恭笃、刘兴林等发掘本溪满族自治县山城子庙后山 C 洞青铜时代墓葬。

10月	沈阳市文物管理办公室考古队发掘沈阳市新乐遗址。发现了新乐文化与新乐上层文化之间的偏堡文化地层堆积，为确立沈阳地区考古学文化序列编年提出了地层关系依据。

夏	周信学、孙玉峰等发掘大连市古龙山遗址。

本年	孟庆忠、许志国、周向永等发掘铁岭县新台子经济技术开发区邱台战国至汉代遗址。发掘面积约 450 平方米。清理房址 5 座、窖穴 7 个。 辽宁省博物馆、中国科学院古脊椎动物与古人类研究所联合发掘海城县仙人洞旧石器时代遗址。

仙人洞遗址全景

1983 年

4 月 　　　辽宁省博物馆和本溪市博物馆在本溪市联合召开庙后山旧石器时代遗址考古学术讨论会。参加这次讨论会的有贾兰坡教授及地质研究所、北京大学、文物出版社、辽宁省第二水文地质大队等单位的代表。

贾兰坡教授在庙后山考察

4 月至 5 月 　　　冯永谦、韩宝兴等发掘凌源县富家屯元代壁画墓、温家屯辽墓、陈家杖子辽代遗址。

5 月 　　　许玉林等发掘丹东市东沟县后洼新石器时代遗址。发掘面积 462 平方米。为了解辽东半岛黄海沿岸新石器时代早期文化提供了资料。

　　　郑辰等发掘抚顺市中央路东汉墓葬。清理方形土圹竖穴砖室墓 4 座。

6 月至 8 月 　　　辽宁省博物馆、中国科学院古脊椎动物与古人类研究所联合发掘海城市小孤山仙人洞旧石器时代遗址。发掘面积约 120 平方米。出土石制品近 10000 件。

6月至9月　　冯永谦、韩宝兴等发掘北票县小塔子乡莲花山耶律仁先家族墓地。出土两合墓志，其中耶律仁先墓志由两篇志文组成，一篇为契丹小字书，另一篇是用汉字书刻。契丹小字书刻者，为迄今发现的契丹小字金石资料中字数最多的一件，墓志中的某些记述尚可证史之误和补史之阙。

6月至10月　　孙力、陈大为等发掘抚顺市高尔山山城。发掘面积800平方米。清理建筑址1处。出土遗物有陶器、铁镞、铁甲片、铁矛、铁铲、开元通宝、莲纹瓦当等。这是辽宁省首次对高句丽山城址进行发掘，为了解这处高句丽晚期城址的面貌获得了一批新资料。

7月　　辽宁省博物馆与朝阳市博物馆在朝阳市联合召开燕山南北长城地带专题考古座谈会。在座谈会期间，中国考古学会副理事长苏秉琦教授等19位专家到喀喇沁左翼蒙古族自治县东山嘴遗址考察。会上苏秉琦教授指出了包括朝阳地区在内的辽西文化区在中华文明起源中的重要性，建议在凌源、喀左、建平三县交界处多做工作。

燕山南北长城地带专题考古座谈会与会专家合影

7月至8月　　　　李恭笃、高美璇等发掘本溪满族自治县谢家崴子水洞及马城子2号洞穴青铜时代墓地。

7月至9月　　　　李庆发、张克举等发掘辽阳市新城战国墓地。清理木椁墓2座，发现随葬品百余件。此两墓为战国中期辽东郡属下官吏的夫妻墓，是东北地区首次发现的战国时期木椁墓，对研究战国时期东北地区的丧葬习俗具有重要意义。

10月至11月　　　王成生、李宇峰等试掘彰武县平安堡村青铜时代遗址和墓葬。清理墓葬8座。

冯永谦、韩宝兴等发掘辽阳市北郊辽阳热电厂汉代及明代墓葬。

10月至12月　　　郭大顺、孙守道、方殿春等调查建平县牛河梁遗址。发现女神庙遗址、积石冢等一批重要红山文化遗存。

11月至12月　　　冯永谦等发掘辽阳市旧城东门里东汉壁画墓。墓室东西两壁、横枋、立柱及墓顶石板上绘有彩色壁画，主要内容有门卒

东门里墓葬壁画《骑吏图》

图、小史图、出行图、宴居图、流云图、星座图等。东门里壁画墓在发现前墓室未遭受任何扰动，保存完好，并且遗物丰富，组合关系明确，是了解这一时期墓葬随葬器物类型较为珍贵的材料，对探讨辽阳地区汉代壁画的分期研究具有标尺性的意义。

秋　　　　郭大顺、张克举等发掘喀喇沁左翼蒙古族自治县东山嘴新石器时代遗址。

本年　　　李晓钟、王崇源、曲林等发掘沈阳市新乐新石器时代遗址。

1984 年

4月至11月　　　陈大为、王成生等发掘绥中县姜女石秦汉行宫遗址。发掘面积约 2000 平方米（含石碑地、黑山头两遗址）。出土完整文物 100 余件。

5月至11月　　　李恭笃、高美璇等发掘兴城市仙灵寺青铜时代遗址。发掘面积 500 平方米。发现金元时代、魏营子文化类型、夏家店下层文化三个时期的文化遗存，出土文物 800 余件。此次发掘为研究锦州地区夏家店下层文化的内涵提供了新资料，也为魏营子文化类型的存在找到了科学根据。

6月至10月　　　孙力等发掘抚顺市高尔山山城。发掘面积 1250 平方米。

9月至10月　　　北京大学考古系、辽宁省博物馆联合发掘营口金牛山旧石器时代遗址。发现较为完整的人类头骨、脊椎、肋骨、尺骨、髋骨及足骨等共计 55 件，属于同一个体。依照人类学和考古学的惯例，命名为"金牛山人"。根据髋骨、头骨形态及测量分析、牙齿萌出和磨耗的情况判断，金牛山人是一个 20—22 岁的青年女性个体。人骨表现出进步性和原始性混合的特征，属于古老型智人。铀系测年为距今约 26 万年。这次发现被列为 1984 年中国五大考古发现之首，并被评为本年世界十大科技成果之一。

金牛山人化石鉴定会

11月	抚顺市博物馆清理抚顺市光明街辽墓。清理墓葬2座。出土陶、瓷、钱币等遗物。
秋	辽宁省博物馆文物队发掘丹东市东沟县大岗遗址。
本年	许玉林等发掘丹东市东沟县后洼新石器时代遗址。发掘面积17084平方米，出土文物1000余件。
	方殿春、魏凡、朱达等发掘建平县牛河梁遗址。主要清理女神庙及积石冢。

后洼遗址地貌

1985 年

4月至6月   北京大学考古系、辽宁省博物馆联合发掘营口金牛山旧石器时代遗址。主要是清理洞穴西壁剖面，采集分析土样及测年样品。

5月至11月   王成生、李宇峰等发掘绥中县姜女石秦汉行宫遗址。主要是发掘石碑地、黑山头两个遗址，并在周边进行考古调查。

7月至8月   李恭笃、高美璇等发掘本溪满族自治县马城子东崴子A、B洞青铜时代墓葬。

7月至9月   沈长吉等清理沈阳市塔湾无垢净光舍利塔塔宫。

本年   孙守道、郭大顺、方殿春、魏凡等发掘建平县牛河梁遗址。
孙力等发掘抚顺市高尔山山城。

马城子 B 洞外景

1986 年

春　　　　　武家昌、华玉冰等清理康平县海洲乡后海洲辽墓。

4月　　　　锦州市博物馆发掘锦县水手营子遗址。清理墓葬 1 座，出土直内连柄青铜戈 1 件，通体饰菱格纹、连珠纹，柲尾处加铸扁球形杖首，光素无纹。与青铜戈伴出的陶鬲和折腹盆，均为夏家店下层文化典型代表器。为研究小凌河流域夏家店下层文化的内涵和早期青铜戈的发展演变提供了重要资料。

4月至12月　　方殿春、朱达、魏凡等发掘建平县牛河梁遗址。主要发掘第二、三地点积石冢并试掘第十三地点。

5月至11月　　王成生、李宇峰等发掘绥中县姜女石秦汉行宫遗址。

6月　　　　华玉冰、万欣等发掘朝阳县南双庙辽代石刻崖画。

6月至12月　　冯永谦、薛景平等发掘绥中县九门口明长城遗址。

九门口遗址
发掘现场

7月	李宇峰、顾玉才等试掘阜新蒙古族自治县沙拉乡查海新石器时代遗址。清理房址 1 座，经测年，遗址年代为距今 7600 年。
	李恭笃、高美璇等发掘本溪满族自治县马城子 C 洞青铜时代墓葬。

9月　　　　中国考古学会第六次年会在沈阳市辽宁大厦召开。此次会议主题为"东北考古"。会后，宿白、安志敏，石兴邦、邹衡等百余名专家学者赴牛河梁遗址参观考察。

中国考古学会第六次年会

9月至12月　　北京大学考古系、辽宁省博物馆联合发掘营口金牛山旧石器时代遗址。重点发掘遗址 A 点洞穴西壁剖面。

10月　　　　许志国、周向永等试掘法库县湾柳街道青铜时代遗址。

本年　　　　辽宁大学历史系文博干部专修班发掘朝阳热电厂青铜时代遗址。

1987 年

3月至7月　　大连市文物管理委员会、旅顺博物馆等联合发掘大连大嘴子青铜时代遗址。发掘面积 2970 平方米。清理房址 39 座、石墙 2 道。出土器物 1200 余件。

大嘴子遗址全景

4月至6月　　辽宁大学历史系文博干部专修班发掘朝阳热电厂青铜时代遗址。发现房址 11 座、残窑 1 座，为朝阳地区夏家店下层文化的研究补充了新的资料。

　　北京大学考古系、辽宁省文物考古研究所联合发掘营口金牛山旧石器时代遗址。

5月至10月　　大连市文物管理委员会、旅顺博物馆等联合发掘大连市金州区金元遗址。发掘面积 1320 平方米。出土大量陶瓷片及建筑构件。

海力板辽墓出土
矮身横梁鸡冠壶

6月　　李宇峰等发掘阜新蒙古族自治县旧庙镇海力板村辽墓。首次在辽墓中发现单孔鸡冠壶与矮身横梁鸡冠壶共出，为研究鸡冠壶的类型演变序列及矮身横梁鸡冠壶的年代提供了明确的考古依据。

铁岭市博物馆发掘铁岭县镇西堡乡金代冯开父母合葬墓。

8月　　　　梁志龙等发掘本溪满族自治县连山关镇虎沟青铜时代石棺墓。

9月　　　　苏秉琦到牛河梁遗址考察并题词"红山文化坛庙冢，中华文明象征"。

李恭笃、高美璇等发掘本溪满族自治县近边寺青铜时代洞穴遗址。

方殿春等发掘建平县牛河梁遗址第五地点一号冢中心大墓。

苏秉琦题字

9月至10月　　许玉林等发掘岫岩满族自治县北沟新石器时代遗址。发掘面积330平方米，发现了大量新石器时代遗物，碳－14测定年代在距今4500年左右。北沟遗址的发现为辽宁地区新石器时代考古提供了研究不同地域文化交流及其特征的信息，并为进一步探讨在以筒形罐为主要特征的遗存中考古学文化的区分提供了线索。

王成生、辛岩、曲枫等发掘绥中县姜女石秦汉行宫遗址。主要清理石碑地和黑山头遗址。

北沟遗址地貌

张克举、田立坤等发掘朝阳市龙城区七道泉子镇北魏张略墓。墓葬为石室墓，由墓道、墓门、甬道、墓室组成。发现墓志一通，底部略厚大而无碑座，上刻阴文3行，行18字，末行15字，计105字，记载墓主张略葬于北魏皇兴二年（468），生前历任主簿、户曹、安弥侯、千人军将等职，戍边营州（今朝阳）。

张克举等发掘北镇市龙岗辽墓。发现耶律宗允、耶律宗政及秦晋国妃墓。墓葬均为砖筑，由墓道、墓门、甬道、左右耳室、主室构成。墓壁用白灰抹面，上面施以壁画，但脱落严重。墓葬早年被盗，文物损失殆尽，但是三方墓志保存完整，较为详尽地记载了耶律宗政兄弟及其父耶律隆庆的世系、官爵封号，对于补校《辽史》等文献有一定的价值，为研究辽代中晚期的历史提供了新资料。同时，三方墓志记载的内容为寻找辽代乾、显二陵的具体位置提供了线索。

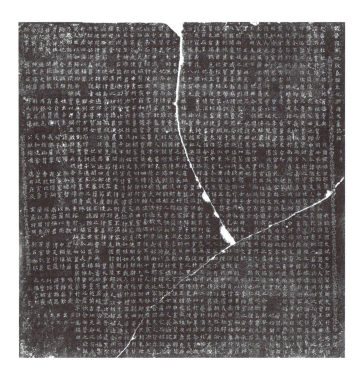

秦晋国妃墓志拓片

张克举、孙国平等发掘朝阳县木头城子镇十家村辽墓。砖筑圆形墓室，由墓门、甬道、主室三部分构成。甬道与主室皆白灰抹面满绘壁画，保存较好。甬道两侧绘有祥云仙鹤，墓门两侧各画男女侍者，墓室绘有宴饮、家居、春山秋水、庭院、十二生肖像等画面。此墓属于辽代小型的火葬墓，一墓葬八人。此墓的发掘为辽代丧葬制度及壁画研究提供了新资料。

本年　华玉冰、万欣等发掘朝阳县南双庙辽金元代摩崖石刻。

冯永谦、薛景平等发掘绥中县九门口明代长城遗址。

方殿春等发掘阜新蒙古族自治县沙拉乡查海新石器时代遗址。

查海遗址地貌

1988 年

4月　　　　　方殿春、朱达等发掘建平县牛河梁遗址。主要围绕第一地点（N1）、第二地点四号冢、第五地点二号冢、第十三地点开展工作。

4月至5月　　朝阳市博物馆联合双塔区文物管理所发掘朝阳市双塔区八里堡乡中山营子唐骆英墓。

5月　　　　　张洪波等发掘北票市泉巨涌辽墓。发掘方形单室叠涩顶石墓1座。出土木帐、金银带饰等遗物。墓葬年代为辽代早期。

骆英墓志盖

辽宁大学历史系文博干部专修科1986级考古实习队发掘法库县湾柳街青铜时代遗址。

北京大学考古系、辽宁省文物考古研究所联合发掘营口金牛山旧石器时代遗址。

吴鹏、辛发等发掘锦州市国和街道汉墓。清理土坑竖穴贝壳墓13座。补充了锦州地区有关汉代贝墓材料的不足，为进一步研究汉代渤海湾沿岸居民墓葬形制、生活习俗等提供了实物资料。

金牛山遗址发掘现场

辽宁省文物考古研究所、吉林大学考古学系联合发掘阜新蒙古族自治县双井子村平顶山青铜时代石城遗址。

8月 　　　许玉林等发掘盖县九寨镇霍家窝棚石棚墓。

霍家窝棚石棚

8月至10月 　　　辽宁省文物考古研究所、吉林大学考古学系联合发掘彰武县平安堡青铜时代遗址。发掘面积1000平方米。清理大量的灰坑、房址、墓葬。出土了一大批陶、石、骨、蚌、铜质文物。

9月 　　　锦州市考古队发掘黑山县白厂门辽墓。

10月 　　　李晓钟、林茂雨等发掘沈阳市上伯官汉墓群。清理墓葬3座，出土器物56件。此次发掘为系统地研究沈阳地区汉墓分期及排序提供了珍贵的可靠资料。

11月 　　　抚顺市博物馆发掘抚顺市碾盘乡小甲邦东汉墓。清理长方形单室券顶砖室墓3座。

本年 　　　冯永谦、薛景平等发掘绥中县九门口明代长城遗址。
方殿春等发掘阜新市沙拉乡查海新石器时代遗址。
安万明、王菊耳等发掘沈阳市新乐新石器时代遗址。

1989 年

3月   王成生、万欣等发掘朝阳县西官营子乡仇家店村田草沟晋墓。清理石筑长方形单室墓2座，出土大量的金饰品，其中金步摇冠饰3件，是东北地区魏晋考古的重要收获。步摇冠饰由透雕云纹山题、花树干枝和桃形摇叶组成，具有鲜明的时代特征及民族特点，金器饰件工艺水平高超，反映了鲜卑诸部中慕容鲜卑汉化程度的进步，以及中原地区汉族文化与东北边陲地区鲜卑文化的交流和融合。

田草沟晋墓出土金步摇

4月   朝阳市双塔区文物管理所发掘朝阳市衬布厂唐代墓地。清理墓葬1座。

     方殿春、朱达等发掘建平县牛河梁遗址。主要发掘第一地点（女神庙）、第二地点、第十三地点。

     旅顺博物馆、新金县博物馆清理新金县小王屯金代古井。

4月至5月   辽宁省文物考古研究所、吉林大学考古学系联合发掘阜新蒙古族自治县平顶山青铜时代城址。发掘面积290平方米。通过解剖城墙确定该城为夏家店下层文化时期建造并使用的。发现夏家店下层文化、高台山文化与夏家店下层文化共生以及"魏营子类型"三个时期的青铜时代文化遗存。这三种青铜时代原始文化遗存的区分及相对年代关系的确立，为揭示本地区青铜时代的文化编年和谱系及探讨东北青铜时代考古学文化的相互关系提供了一个新的基点。

平顶山城址南墙及马面

5月至6月　　大连市文物管理委员会办公室、旅顺博物馆等联合发掘瓦房店市马圈子汉魏晋墓地。清理墓葬4座。

5月至7月　　李恭笃、高美璇等发掘本溪满族自治县付楼乡赵甸青铜时代遗址。清理房址4座、灰坑2个。

5月至8月　　许玉林等发掘丹东市后洼新石器时代遗址。经过四次发掘共揭露面积1785.5平方米。根据地层及出土遗物的特征，分为后洼下层文化和后洼上层文化。上层文化距今5000多年，下层文化距今约6000年。出土了大量的遗物，尤其是石雕和陶塑人像、动物像最多。该遗址是辽东地区一处重要的新石器时代遗址，也是黄海沿岸一处具有代表性的遗址。发掘资料表明，当时人们已经过定居生活，农耕、渔猎为其主要经济生活来源，手工业、原始宗教艺术等也达到一定高度。遗址的发现为研究辽宁地区新石器时代文化分区与发展序列、雕塑艺术以及辽东、山东和朝鲜半岛新石器时代文化研究提供了重要的新资料。

后洼遗址出土
滑石雕人像

5月至11月	武家昌等发掘抚顺市小甲邦汉代遗址。

6月　　　　　万欣等发掘朝阳市衬布总厂唐墓。清理砖筑单室墓 4 座，出土陶罐、瓷四系罐、开元通宝等随葬品共 90 余件，个别墓中发现有泥俑残块和漆器残迹。

　　　　　锦州市考古队发掘锦州市区大型房屋开发区汉代贝壳墓。清理墓葬数十座。

8月至9月　　　　　金州博物馆发掘大连市益昌糕点厂金至清代遗址。该遗址的发掘证明了金州自辽金时期以来就成为北方地区重要的商品集散地和海陆交通要道。

9月至10月　　　　　辽宁省文物考古研究所发掘本溪市上石村青铜时代遗址。出土一批富有地方文化特点的多耳陶器，部分器物上施有六耳，横耳和竖耳对应成排，结合并用，这些器耳不只具有使用价值，而且还起着加固、装点、美化的作用，为其他文化所少见。这类遗存在辽东地区发现不多，发掘的遗址点更少，其文化内涵较为新颖，为辽东地区青铜时代文化的研究提供了新资料。

9月至11月　　　　　辛岩、曲枫等发掘朝阳市重型机械厂唐墓。清理墓葬 7 座，其中 6 号墓出土墓志一合，记载墓主王德曾参与唐征讨高句丽战争，卒于唐高宗仪凤三年（678）。出土泥武士俑、女俑、羊俑等随葬品 82 件。此墓的发掘为研究朝阳地区唐代早期墓葬形制演变及器物分期提供了明确的年代依据。

10月　　　　　许玉林等发掘凤城市东山、西山墓群。发掘大石盖墓 30 座。

12月　　　　辛岩、曲枫等发掘重型机械厂金墓。清理2座金代晚期墓葬，为朝阳地区金代文化及葬俗的研究提供了新的资料。

本溪市博物馆发掘本溪市南芬区下马塘镇程家村青铜时代石棺墓。

王德墓志拓片

本年　　　　冯永谦、薛景平等发掘绥中县九门口明代长城遗址。经过近4年的考古发掘，清理出面积达7000余平方米的一片石遗存，发现8座巨大的梭形桥墩及围城2座，每座围城内各有炮洞7个，顶部修垛口，这是万里长城线上少有的结构。出土武器、日用器皿等各类遗物，为了解明代战争防御及守城军士的生活提供了重要的实物资料。在遗址中还出土了万历四十三年（1615）和天启六年（1626）两通石碑，记载了明代长城屡经维修和增筑的情况。

九门口遗址出土天启六年纪事碑

李晓钟、林茂雨等发掘沈阳市苏家屯区红宝山汉墓群。

方殿春等发掘阜新蒙古族自治县沙拉乡查海新石器时代遗址。

朝阳市博物馆维修朝阳市北塔。在塔内天宫、地宫中发现金舍利塔、银菩提树、玻璃瓶等数百件辽代宗教文物。塔中出土的大批佛教文物，为研究佛教密宗在唐代以后中国北方地区的传播发展增添了珍贵的资料。

北塔出土金舍利塔

1990 年

春　　　　　方殿春、辛岩等发掘阜新蒙古族自治县南皂力营子辽代墓地。清理墓葬 2 座，其中一座墓天井左侧带有单耳室，形制较为独特，其内发现的瓷骨朵为辽墓中首次发现。该墓地的发掘为辽代墓葬研究增添了新资料。

3月至5月　　　辽宁省文物考古研究所、吉林大学考古学系联合发掘瓦房店市三堂乡新石器时代遗址。该遗址的两期文化遗存分别属于偏堡子文化类型和小珠山上层文化类型，其中偏堡子文化类型遗存又可分成早、晚两段。该遗址的发掘为偏堡子文化类型的分期提供了层位依据，也为研究两种文化类型的文化性质及年代关系提供了一批重要资料。

4月　　　　　旅顺博物馆、新金县博物馆联合发掘新金县马小店西山曲刃青铜短剑窖藏。出土曲刃青铜短剑 3 件、石质加重器 1 件、石纺轮 2 件。从青铜短剑形制上观察，该窖藏时代应为战国中、晚期。

4月至8月　　　许玉林、曲枫等发掘庄河市北吴屯新石器时代遗址。发掘面积共计 430 平方米。发现房址 8 座、灰坑 8 座、围栅基址 2 道。出土生产工具 500 余件，复原陶器 60 余件。遗存包含小珠山一期、三期文化内涵，对研究辽东半岛新石器时代文化的分区与分期具有重要意义。

5月　　　　　　辽宁大学历史系文博干部专修班 1988 级考古实习队发掘康平县老山头新石器时代至魏晋时期遗址。

6月　　　　　　锦州市考古队发掘北镇庙清代行宫遗址。

李波等发掘建平县三家乡辽秦德昌墓。出土墓志一合。记载墓主人为辽代"金吾卫上将军"秦德昌。

7月　　　　　　方殿春等发掘阜新蒙古族自治县沙拉乡查海新石器时代遗址。

8月　　　　　　万欣等发掘朝阳市自来水管道工地北魏至元代墓葬。清理墓葬 11 座。出土陶、瓷、铁、铜器 176 件。

9月　　　　　　由辽宁省文物考古研究所主办的第三次环渤海考古国际学术讨论会在大连市召开。会议主题是辽东半岛古文化与东北亚诸地区文化的关系。

9月至11月　　　傅仁义等发掘海城市仙人洞旧石器时代洞穴遗址。

10月至11月　　　李晓钟、刘长江等试掘沈阳市石台子山城。

10月至12月　　　　冯永谦、薛景平等发掘丹东市虎山明代万里长城东端起点遗址。发掘面积7000平方米，发现大型土夯筑方台1座。长城墙体由夯土台址东壁接筑，用料皆为稍经加工的自然石块。山险墙皆位于陡峭险要处，有登窝、台阶或相对透穿孔洞。在山顶和山的两坡上，均有突出墙体之外的方形墙台。出土遗物丰富，有铁甲片、铁镞、铁刀等。遗址的发掘明确了明万里长城的东端起点始于鸭绿江畔，可证《明史》之记载，成为我国长城考古的一项重要发现。

虎山长城发掘现场

本年　　　　辽宁省文物考古研究所、抚顺市博物馆联合发掘抚顺市小甲邦汉代遗址。经过2年的发掘，发现了房址、墓葬等多处遗迹。出土了"千秋万岁"瓦当等大量汉代遗物。

　　　　武家昌等发掘抚顺山龙墓地。清理墓葬6座，可分为石棚、积石墓、积石石室墓三种形制，人骨皆经火烧。

1991 年

春　　　　　　田子义、李道升等清理朝阳市小波赤青铜时代墓葬。清理
土坑石椁墓 1 座。出土青铜短剑、镞等 56 件。

3月至6月　　朱达等发掘朝阳市双塔区朝阳工程机械
厂墓群。清理墓葬 9 座，其中包含唐代的蔡
泽、蔡须达父子墓。两墓均出有明确纪年的
墓志，是属于唐代早期墓，随葬品中以陶俑
为主，数量多，种类丰富，其造型和风格与
盛唐以后的俑类有明显区别，具有比较鲜明
的北朝遗风。两墓的发现填补了朝阳地区唐
代早期考古资料的空白，具有十分重要的学

蔡须达墓出土釉陶骆驼

术价值，为进一步研究探讨唐文化东移的历史原因及朝阳地区
唐文化的形成与发展等诸多问题提供了实物资料。

4月　　　　　朱达等发掘朝阳县七道泉子金代墓。清理砖构单室墓 1
座。由墓道、墓门、甬道和墓室组成。墓门及甬道均为券顶，
斜坡墓道。墓室平面圆形，矮穹隆顶。室内青砖铺地，后部通
贯砖砌棺床。内壁砖雕仿木构件，抹以白灰面，上用黑红色勾
画人物、花卉及仿木构件等壁画。此外，在墓门、甬道两侧及
墓室壁上部绘有人物、花卉图案。出土花式白瓷碗、划花白瓷
盘、黑釉小碗等随葬品。该墓是辽宁地区首次发现保存如此完
好的金代壁画墓，成为研究金代历史、艺术的重要实物资料。
　　　　　　　辛岩等发掘喀喇沁左翼蒙古族自治县平房子镇高家洞商周

时期墓葬。

吉林大学考古系、辽宁省文物考古研究所联合试掘大连市金州区大头沟及瓦房店市交流岛蛤皮地青铜时代遗址。

4月至6月 　　　　方殿春等发掘朝阳大屯青铜遗址。

4月至7月 　　　　北京大学考古系、辽宁省文物考古研究所联合发掘营口金牛山旧石器时代遗址。

金牛山遗址发掘现场

4月至10月 　　　　吉林大学考古系、辽宁省文物考古研究所联合发掘大连市金州区庙山青铜时代遗址。揭露面积382平方米。清理房址12座。出土夹砂黑褐陶和灰褐陶等遗物，文化面貌与双砣子文化相似。

4月至11月 　　　　方殿春、朱达等发掘建平县牛河梁遗址。主要清理第二地点一号积石冢。

5月 　　　　朝阳市文物普查队、凌源县博物馆联合清理凌源县萧杖子青铜时代遗址。

| 5月至6月 | 吴鹏等人发掘北镇辽耶律宗教墓。出土墓志一合，记载内容可补《辽史》之缺。 |  |
| | 李晓钟、刘长江等试掘沈阳市石台子山城。试掘面积160平方米。清理房址1座、石灶址1座、灰坑20个。出土了一批高句丽的陶器、铁器、骨器、石器、铜器等遗物。 | |

耶律宗教墓志盖拓片

5月至8月　　孙守道等发掘朝阳县十二台墓地。

5月至11月　　张克举等发掘绥中县姜女石秦汉行宫遗址。对石碑地遗址城墙转角处进行发掘，初步弄清了城墙基础结构。

7月　　辽宁省考古博物馆学会第三次会员代表大会在绥中姜女石工作站举行。会议决定分别成立辽宁省考古学会和辽宁省博物馆学会。

7月至8月　　韩宝兴等发掘建平县青松岭乡辽耶律霞兹墓。清理墓葬4座，其中1号墓为耶律霞兹墓，出土墓志1合，从志文可知墓主人耶律霞兹为辽代皇族之后，官至太师，卒于辽圣宗太平元年（1021）。墓志记载的耶律霞兹结衔内容可补《辽史·地理志》之缺。

7月至10月　　周阳生等发掘沈阳市新乐新石器时代遗址。

8月至10月　　傅仁义、顾玉才等发掘海城市仙人洞旧石器时代遗址。

9月至11月　　武家昌等发掘桓仁满族自治县雅河乡米仓沟村高句丽墓。墓葬为封土石室壁画墓，地表高大的封土堆呈覆斗状，墓室由内壁加工规整的巨石垒筑而成。除甬道外，墓壁皆绘有壁画，内容主要为莲花、流云王字形图案及龙纹等。由于早年被盗，仅出土黄釉四耳展沿壶、茶绿釉陶灶、鎏金铜铊尾等少量遗物。

该墓是辽宁省首次发现的高句丽大型壁画墓。它的发掘不仅丰富了桓仁地区的高句丽墓葬的类型，而且为探讨该地区高句丽民族活动历史及与周邻地区的关系提供了新资料，具有十分重要的研究价值。

米仓沟墓

9月至12月　　冯永谦等发掘丹东虎山高句丽遗址。清理位于明长城东端起点台址下面的大型建筑址1处。建筑址平面略呈扇状，用前部打制平齐、后端较锐的楔形石块构筑外围砌石，砌石的内部为一口用打制规整的楔形石筑成的深井，井的北部及东西两侧均有用楔形石砌筑的石墙，石墙的南面设有石砌台阶。以大口

深井为中心的高句丽大型石建筑结构特殊，规模巨大，此前少见，为研究高句丽建筑形制类别提供了新资料，而出土完好的独木舟等一大批木器，更为研究高句丽民族的社会生活及文化交流提供了实物资料。

虎山高句丽城墙残段

10月　　　　　田立坤、李国学等清理北票市下杖子唐墓。清理砖筑圆形券顶单室墓葬 1 座。发现有陶器、陶俑、铜银饰件等随葬品。从墓葬形制及随葬品分析，该墓的年代应为唐中期以前。

10月至11月　　　辛岩等发掘阜新蒙古族自治县职高青铜时代遗址。

11月　　　　　锦州市考古队清理锦州市海锦大厦东晋时期前燕李廆墓。出土 1 块砖墓表，刻有"燕国蓟李廆永昌三年正月廿六日亡"，这是当时唯一有准确纪年的十六国时期前燕墓葬。

李廆墓砖墓表

本年　　　　　方殿春、辛岩等发掘阜新蒙古族自治县沙拉乡查海新石器时代遗址。发掘面积 1000 平方米。清理房址 10 座、灰坑 3 个。

　　　　　辽宁省文物考古研究所、吉林大学考古系、大连市文物管理委员会联合发掘大连市金州区七顶山乡老虎山村房身青铜时代墓地。

查海遗址房址发掘现场

1992 年

2月至7月   王成生等发掘绥中县电厂汉代遗址及墓群。

3月   郭大顺、孙守道、辛占山赴日本进行学术交流。在日期间，郭大顺和孙守道分别作题为《辽宁史前考古与辽河文明探源》《中国北方青铜器与骑马文化》的学术演讲。

3月至4月   大连市文物管理委员会办公室、旅顺博物馆联合发掘大连市大潘家新石器时代遗址。发掘面积 400 余平方米。清理房址、灰坑 10 余处。出土器物上百件。

4月至5月   辽宁省文物考古研究所、吉林大学考古学系、大连市文物管理委员会联合发掘大连市大嘴子青铜时代遗址。大嘴子遗址早、中、晚三期出土器物，分别属于双砣子一、二、三期文化。晚期房屋发现较多，多数存在着叠压打破关系。不同阶段房屋内出土陶器形态变化较有规律，陶器组合鲜明，可以进一步分期。

4月至6月   王成生等发掘义县头道河乡向阳岭青铜时代遗址。

4月至8月   方殿春、辛岩等发掘阜新蒙古族自治县沙拉乡查海新石器时代遗址。发掘面积 1000 平方米。清理房址 10 座、窖穴 3 个、居室墓 2 座。发现玉器 10 余件。

4月至11月   辛岩等发掘阜新蒙古族自治县务欢池青铜时代遗址。揭露

查海遗址发掘现场

面积 2300 平方米。发掘长方形圆角土坑竖穴墓 35 座，随葬品以高颈壶、高圈足钵为主，一般钵倒扣置于壶上，配套组合。沟 17 条，总长约 245 米，均为人工挖修而成，沟与沟交会处皆呈喇叭形，有的交会口处发现有较深圆形柱洞遗迹，推测可能是在沟间设置有蓄水、排水设施。务欢池遗址出土器物均具有高台山文化的特点，为我们进一步了解辽西北地区高台山文化的内涵增添了一批不可多得的宝贵资料。

务欢池遗址出土
陶高颈壶

孙守道、郭大顺等领队发掘建平县牛河梁遗址。

辛占山领队发掘绥中县姜女石秦汉行宫遗址。

| 4月至12月 | 冯永谦等发掘丹东市宽甸满族自治县虎山高句丽遗址。 |

| 5月至6月 | 辛岩等发掘阜新蒙古族自治县归庙乡壁画墓。 |

| 5月至7月 | 傅仁义发掘大连市金州区洞穴遗址。 |

5月至10月	许玉林发掘丹东市东沟县后洼遗址。
6月	傅仁义赴汉城参加"黄海地区旧石器文化与环境考古"国际学术讨论会，并提交关于东北旧石器研究的论文。

三道岗沉船出土
白釉龙凤纹罐

6月至7月	中国历史博物馆对绥中县三道岗元代沉船进行了水下勘察，包括对沉船遗址的水下测量、水下摄影、摄像和遗址的表面采集。这是我国第一次独立进行具有一定规模的水下考古工作。
7月至8月	傅仁义等发掘喀喇沁左翼蒙古族自治县帽儿山洞穴。
8月	李新全等发掘朝阳市教育教学研究中心住宅楼工地唐墓。
8月至11月	李新全等发掘朝阳市营州路辽金时期遗址。发掘面积约300平方米。出土有定窑、耀州窑、磁州窑瓷片，可辨器形有碗、盘、碟、杯、罐等。部分白釉器圈足底部带"一""×""卅"等符号的红色标识，应为当时瓷器行销中便于统计数目而书写的数码记号，对复原和研究辽金时期瓷器贸易具有重要意义。出土的化妆白瓷大部分采用涩圈叠烧工艺，支钉垫烧的瓷器占相当比例，而定窑瓷器的釉色普遍泛黄，这些都是典型金代瓷器烧制特点。该遗址的发掘为复原当时北方地区制瓷业整体面貌提供了新资料。
9月	王维臣、李继群等发掘新宾满族自治县老城墓地。清理石棺墓4座。墓葬器物组合以壶、钵类器再加以纺轮为基本组合，并普遍随葬猪牙。墓地文化面貌具有较多西团山文化的特征。

9月至10月	李恭笃、高美璇等发掘本溪满族自治县偏岭乡老虎洞青铜时代洞穴墓地。发掘墓葬51座，基本为拣骨火葬墓，不砌棺、不挖穴、不封土，葬具颇少见。随葬器类主要是生产工具和生活器皿，陶器风格纯朴，具有地域文化特色。该墓地的发现和成批墓葬材料的获得，为研究中国东北地区少数民族早期文化的起源和发展增添了新资料。首次出土了数把石剑，这对研究金属剑的起源和发展具有重要的学术价值。
	崔玉宽等发掘凤城东山、西山墓群。清理大石盖墓8座。
10月至11月	李恭笃等发掘本溪市付楼赵甸村青铜时代遗址。
12月	李新全等发掘朝阳大街唐墓。清理砖筑单室墓5座。出土陶、铜、银等各类器物21件。

本年　　　　辽宁省文物考古研究所、沈阳市文物考古工作队、新乐遗址博物馆联合发掘沈阳市新乐新石器时代遗址。

新乐遗址出土深腹罐

辽宁省文物考古研究所、吉林大学考古系、大连市文物管理委员会联合发掘大连市金州区七顶山乡老虎山村房身青铜时代墓地。清理积石冢1座。该积石冢位于墓地最北端，平面呈半圆形，依山势由东部、西部、北部三个平台组成，各部分并非一次建成，埋葬方式亦不一致。东部平台由6座联体石室墓构成，墓底多铺1至2层石板。多为东西向，人骨多经火烧应为火葬，出土陶器多为残片，以黑褐色为主，器形有罐、壶等。西部平台建造略晚，北部平台建造最晚，内含墓室结构，火葬及随葬陶片与东部平台均同。房身积石冢的发掘，为研究大连地区属于双砣子三期文化的墓葬结构与葬俗提供了新资料。

1993 年

3月至5月 　　辽宁省文物考古研究所、沈阳市文物考古工作队联合发掘沈阳市战国至汉代城墙址。发现夯土城墙 2 道。出土饕餮纹瓦当及战国时代的板瓦、筒瓦。目前的考古资料表明，辽代曾在沈阳市城区范围内筑有沈州城，之后的金、元、明、清各代的城址均是在沈州城的基础上修建的。这次发掘将沈阳市的筑城历史提早了 1000 年，应与史书记载的汉代候城址有关。

4月至5月 　　凌源市博物馆抢救性清理小喇嘛沟辽墓。清理墓葬 1 座。

4月至9月 　　李新全等发掘朝阳市营州路三燕和辽代遗址。发现三燕时期夯土台基 3 处、砖墙建筑基址及辽代窖仓址。出土大量的铜、铁、瓷、陶等质地的建筑构件和生活用品，其中描金黑釉和印花紫釉定窑瓷片系国内首次发现。

4月至11月 　　辛岩等发掘阜新勿欢池青铜时代遗址。
　　华玉冰、杨荣昌等发掘绥中县姜女石秦汉行宫遗址。揭露面积 1900 平方米。清理夯土台基上的单体建筑 1 处，出土大量建筑构件。此外还对遗址进行了大范围勘探，勘探总面积达 15 万平方米，初步弄清了城址的形状、内部的院落布局、建筑物的分布等情况。

姜女石遗址出土夔纹大瓦当

4月至12月 辛岩等发掘阜新蒙古族自治县沙拉乡查海新石器时代遗址。发掘面积2500平方米。清理房址16座、窖穴18个。发现了房址之间的叠压打破关系，为研究查海遗址文化分期提供了重要依据。

5月至6月 李新全等发掘朝阳市凌河小学住宅楼工地北魏和辽代墓葬。清理墓葬6座，其中北魏墓4座、辽墓2座。

5月至7月 李新全等发掘朝阳市黄河路柴油机厂住宅楼工地唐墓。清理砖筑圆形单室墓1座，出土武士俑、骑马俑、十二生肖俑、风帽俑、侍女俑、乐俑和家畜俑等80余件陶俑，在甬道壁龛内出土了辽宁地区唐俑中仅有的2件编发胡人石俑，为研究唐代朝阳地区多元文化交流提供了实物资料。

中国历史博物馆试掘绥中县三道岗海域元代沉船遗址。确定了绥中三道岗沉船是一艘满载瓷器等货物的元代商船。出水了一批几乎全

部完整的磁州窑瓷器，为研究磁州窑产品的内、外销情况，以及中国陶瓷史、造船与航海史提供了重要的实物资料。

三道岗沉船出土
孔雀绿釉梅瓶

5月至8月　　武家昌等发掘本溪市南芬区三道河子村望海楼青铜时代遗址。发掘面积400平方米。清理积石墓3座、石棺1座、房址3座、石墙1道。此次发掘的积石墓压在石棺墓之上，石棺墓又打破了房址三者之间的地层关系是以往不见的。积石墓的时代为汉代，石棺墓为春秋时期，房址为西周时期，此次发掘从年代关系、文化内涵上更新了辽东地区青铜时代文化的面貌。

5月至9月　　辛占山等发掘横子山、台山青铜时代遗址。

5月至10月　　朱达等发掘建平县牛河梁遗址第二地点四号冢。揭露面积600余平方米。清理出西侧方冢北墙。发掘单层石板斜砌墓葬2座，墓内各有1件带盖双耳勾连涡纹彩陶罐，这种墓葬形制和随葬器物为牛河梁红山文化积石冢墓地首次发现，为研究积石冢的结构和当时人们的埋葬习俗提供了新资料。

牛河梁遗址第二地点四号冢北墙

辽宁省文物考古研究所、沈阳市文物考古工作队、新乐遗址博物馆联合发掘沈阳市新乐新石器时代遗址。进一步确认了新乐遗址居住址分布的密集与完整性，为深入研究新乐遗址建筑的使用年代、建筑结构和人类活动方式，以及新乐文化分期问题等提供了新的资料。

辽宁省文物考古研究所发掘大连市旅顺口区东太山积石墓地。许玉林等发掘东沟县后洼新石器时代遗址。

6月　　刘大志、柴贵民等发掘朝阳市老爷庙乡青铜时代墓葬。清理长方形土坑竖穴墓1座。出土带柄陶罐、双耳陶壶、青铜短剑、青铜戈等器物。根据墓葬器物分析此墓年代在战国时期。此次发掘为研究辽西与周边地区文化往来及探讨东北地区青铜曲刃剑文化增添了新的实物资料。

7月　　李恭笃、高美璇发掘本溪满族自治县海塔乡后沟村狐狸洞青铜时代墓地。发掘面积30余平方米，揭露墓葬5座，均集中在洞口处，仅1座墓中人骨有火烧痕迹，不见任何葬具。随葬陶器多为壶和罐，基本为折口、横耳、假圈足底。出土器物特征及墓葬均集中于洞口等现象，说明墓葬所反映的时代偏晚，应属马城子文化晚期。该墓地的发掘进一步丰富马城子文化内涵。

7月至8月　　傅仁义等发掘海城市仙人洞旧石器时代遗址及2号洞穴。新发现脉石英制作的石制品1000余件。2号洞穴内发现熊、鹿、野兔、鬣狗、狼、貉等10余种动物化石，从地层的岩性和动物种属分析，其堆积与仙人洞文化层同期形成，时代为晚更新世晚期。2号洞穴的发现，可为了解仙人洞人类的生活环境、周围自然景观和地层对比提供资料。

8月至9月　　　　武家昌等发掘本溪市平山区小孤家子青铜时代墓地。清理积石墓2座，石棺墓6座。

8月至12月　　　北京大学考古系、辽宁省文物考古研究所联合发掘营口金牛山古人类遗址。这次是在1984年发掘面上继续下挖。此次发掘解决了学术界怀疑人骨化石出土层位的问题，确定了金牛山A点洞穴是一处原始人居住址，同时也丰富了金牛山遗址的文化内涵，为研究当时人类的生产力和生活状况提供了重要资料。

金牛山遗址发掘现场

9月　　　　　　吕学明等发掘建平县喀喇沁镇唐杖子村辽代墓地。清理石室墓4座、凿山成穴墓2座。部分墓中绘有壁画。出土大量的辽代瓷器。根据壁画及随葬品分析，该墓地应属辽代晚期。

10月　　　　　　方殿春等发掘阜新市胡头沟红山文化积石冢。经过两次发掘初步厘清了胡头沟红山文化积石冢的大致构造，出土玉器有璧、镯及仿生动物的组合，除勾云形玉器外，其他器物造型较小。仿生动物皆采用圆雕工艺，纹饰简洁精致，背面较为简单，佩戴用穿孔采用了不影响正面纹饰的隧孔。该积石冢的发掘为研究大凌河流域红山文化积石冢的埋葬特点补充了重要的新资料。

胡头沟遗址出土玉龟

10月至12月 冯永谦等发掘宽甸满族自治县虎山高句丽山城。清理石筑城墙20段，总长500余米。城墙内外两侧墙面皆用楔形石块砌筑，墙体中间填砌开采的自然石块，出土各类大量铁器，是研究高句丽的生产与社会生活非常重要的实物资料。

11月 张克举等发掘北票市南八家乡四家板村喇嘛洞三燕文化墓地。清理墓葬2座，其中1座出土铁剑、铜鍑及环首铁器。

喇嘛洞墓地出土铜鍑

12月 万欣等发掘彰武县大沙力土辽墓。

辽宁省文物考古研究所、吉林大学考古学系联合发掘锦西邰集屯汉城址和小荒地古城址。

本年 张波、郑辰等发掘抚顺市区欧家辽代遗址。清理面积1085平方米。出土瓷器、陶器、瓦当及开元通宝、熙宁元宝等钱币。

1994 年

3月 　　　　　　朝阳市双塔区文物管理所发掘朝阳市双塔区中山营子唐墓。清理墓葬 1 座。

4月至5月 　　　　辽宁省文物考古研究所派员发掘彰武县满堂红乡差大马辽墓。清理砖室墓 1 座。首次在辽西地区发现了手印纹辽砖，为研究辽砖烧造地点提供了新的资料。

　　　　　　武家昌等发掘北票市大板乡大板营子魏晋时期墓地。清理墓葬 5 座。

4月至6月 　　　　大连市文物管理委员会办公室文物工作队、瓦房店市博物馆联合发掘瓦房店市陈屯汉魏晋墓地。该墓地西距陈屯汉城不足百米，它的发掘为进一步探讨陈屯汉城的性质提供了一批有价值的实物资料。

4月至7月 　　　　吉林大学考古学系、辽宁省文物考古研究所联合发掘锦西邰集屯小荒地汉城址。发掘面积 250 平方米。基本弄清城墙结构。出土遗物分属于辽代、汉代和青铜时代。小荒地一、二期遗存的发现，对确立燕文化到达该地区之前的考古学文化序列及探讨与努鲁儿虎山以西青铜时代文化的关系具有十分重要的作用。此外，依据层位关系对小荒地三期一、二段遗存的划分，从陶器形态和建筑构建等方面，为迄今尚不能准确把握断代的战国晚期至西汉时期遗存提供了参照。

邰集屯城址地理位置示意图

4月至10月　　　梁振晶等发掘辽阳市杏花村青铜时代及汉代遗址。清理青
铜时代石棺墓 2 座、汉代墓葬 6 座。

4月至11月　　　华玉冰、杨荣昌等发掘绥中县姜女石秦汉行宫遗址。

5月至7月　　　辛占山、万欣等发掘桓仁满族自治
县高力墓子村墓地。

5月至10月　　　辛占山等发掘本溪市横子山遗址、
台山遗址。

5月至11月　　　郭大顺、辛占山等发掘北票市大板
建筑址。
　　　　　　　孙守道等发掘朝阳市双塔街北塔塔基
遗址。

高力墓子墓地发掘现场

朱达、吕学明等发掘建平县牛河梁遗址。对第二地点1号冢和2号冢进行解剖性发掘。

6月至7月　　武家昌等发掘桓仁满族自治县抽水洞战国秦汉遗址。揭露出房址、灰坑、水沟、石墙等遗迹。出土铁掐刀、铁镞、刀币、布币、半两钱、陶塑羊头、绳纹陶片等遗物。该遗址的发掘为考证战国至秦汉时期辽东郡东部辖域范围及汉郡与周边土著文化的关系提供了实物资料。

6月至12月　　辛岩等发掘阜新蒙古族自治县沙拉乡查海新石器时代遗址。发掘面积2300平方米。清理房址16座、窖穴5个、居室墓1个、龙形堆石1处、墓

查海遗址发掘现场

葬10座、祭祀坑2个、环沟2段。为厘清查海遗址文化内涵、廓清遗址范围、区分聚落布局以及复原当时人们的生活面貌提供了全新的资料。

冯永谦等发掘宽甸满族自治县虎山乡虎山高句丽遗址。

7月　　由辽宁省文物考古研究所、北京大学考古学系和韩国忠北大学先史文化研究所、忠清日报社共同举办的"东北亚旧石器文化"国际学术讨论会在沈阳召开。

7月至9月　　北京大学考古系、辽宁省文物考古研究所联合发掘营口金牛山旧石器时代遗址。

8月	朝阳市双塔区文物管理所发掘朝阳市双塔区孟克村唐韩相墓。
8月至10月	王成生等发掘北票市金岭寺魏晋时期建筑址。
8月至11月	武家昌等发掘本溪市柜子山青铜时代遗址。

9月至11月　　　张克举、李新全、吕学明等发掘凌源市小喇嘛沟辽代墓地。清理墓葬 11 座、殉马坑 2 座。发现鎏金银步摇冠、银鎏金覆面、银鎏金腰带具、银鎏金捍腰、金耳坠、金手镯、银戒指等大量珍贵遗物。各墓均未发现墓志和纪年物，但根据出土遗物、墓葬形制、墓地布局和葬俗综合分析，小喇嘛沟墓地是一处辽代中晚期契丹贵族家族墓地。

小喇嘛沟墓地全景

辽宁省文物考古研究所、吉林大学考古学系联合发掘大连市旅顺口区北海乡王家村东岗新石器时代遗址。发掘面积 232 平方米。清理灰坑 40 余个、房址 3 座。出土陶器、石器、玉器等遗物，其中陶立人为大连地区仅见。

10月	沈阳市考古研究所发掘康平县沙金台村张家窑辽墓。出土了铜镜、鸡腿罐、铁镞、铁刀等文物。
10月至11月	朝阳市双塔区文物管理所发掘朝阳市双塔区中山营子唐墓。清理墓葬 2 座。 张克举等发掘北票市南八家乡四家板村喇嘛洞三燕文化墓地。

傅仁义等发掘喀喇沁左翼蒙古族自治县兴隆庄镇帽儿山洞穴。发现第四纪哺乳动物化石 5 目 10 种，有中更新世的三门马、肿骨鹿等。该洞穴是辽西地区所见时代最早的第四纪地点，为进一步在大凌河流域寻找古人类的活动遗迹提供了重要线索。

10月至12月　　北京大学考古系、辽宁省文物考古研究所、大连市文物考古研究所联合发掘大连市北海东岗新石器时代遗址。从发掘情况和出土遗物分析，上下层文化内涵依次相当于小珠山文化的中下层，距今约 6000—5000 年。

11月　　辽宁省文物考古研究所发掘建平县黑水镇七贤营子辽墓。发掘砖筑仿木结构壁画墓 2 座。

七贤营子辽墓壁画人物

1995 年

1月	李宇峰赴日本神户市参加"秦始皇展"学术研讨会。
3月	郭大顺、孙守道、辛占山赴日本北陆和东北地区进行文物考察。先后到福冈、石川、富山等地参观文物古迹、史迹公园、博物馆和考古研究机构。
4月至5月	武家昌、万欣等发掘北票市大板乡大板营子魏晋时期墓地。清理墓葬5座。
4月至11月	朱达、吕学明等发掘建平县牛河梁遗址。 华玉冰、杨荣昌等发掘绥中县姜女石秦汉行宫遗址。
5月至6月	辛占山、傅仁义应韩国忠北大学先史文化研究所所长朴善周邀请,赴韩国参加忠北大学先史文化研究所举办的"东北亚先史时代"国际学术讨论会。
6月至7月	辽宁省文物考古研究所发掘阜新蒙古族自治县蜘蛛山乡罗匠沟一号辽墓。 杨建军应英国保护实践公司邀请,参加玉器学术研讨会。
8月	李新全等发掘辽阳市香港花园魏晋时期壁画墓。
9月至11月	张克举、万欣等发掘北票市南八家乡四家板村喇嘛洞三燕

文化墓地。清理墓葬9座。

喇嘛沟墓地出土陶壶

10月　　　　孙守道应韩国文化遗产研究所邀请，赴韩国参加东亚青铜文化国际学术讨论会。

10月至11月　　武家昌、冯永谦等发掘凤城市刘家堡子战国至汉代遗址。

11月　　　　辽宁省文物考古研究所发掘朝阳市北塔三燕至辽代建筑址。在塔四周夯土台基之上发现了三燕、北魏、隋唐、辽代及其以后的建筑遗迹和各类遗物。其中最引人注目的是发现了北魏前期文成文明皇后冯氏建的"思燕佛图"塔寺建筑遗址，为我国北方早期佛教史、塔寺建筑、造像艺术等方面的研究提供了珍贵资料。此外，发现了隋唐至辽代的砖墙建筑基址及遗物，为进一步明确北塔修建历史提供了考古资料。

北塔建筑址出土香泥小塔

1996 年

4月至11月　　　　华玉冰、杨荣昌等发掘绥中县姜女石秦汉行宫遗址。发掘石碑地面积 4000 平方米。揭露出了第一区 B 组、C 组和第二区 D 组秦代建筑基础。出土的遗物均为建筑构件。此次发掘基本弄清了各遗迹单元的现存遗迹现象，为进一步讨论该建筑遗迹的使用功能提供了新资料。出土了种类繁多的建筑构件，为遗址的复原研究提供了线索。

石碑地丨B组主体建筑

5月至6月　　　　李恭笃、高美璇等发掘葫芦岛市连山区塔山乡杨家洼新石器时代遗址。发掘面积 500 平方米。房址 1 座、灰坑 2 个、灶址 2 个。出土陶器、石器、玉器等遗物。该遗址的发掘对研究环渤海区域原始文化的形成和发展具有重要学术价值。

李新全等发掘昌图县马仲河镇下桥子二十垄地青铜时代遗址。发掘面积 600 平方米。清理房址 2 座、灰坑 4 个。出土陶器有鬲、甗、罐、壶、盆等，胎质厚重，平底。鬲足实心柱状，口沿为平口、外折、方唇，为辽北地区青铜时代遗址首次发现。

5月至7月　　　　王成生等发掘沈山高速公路沿线北壕沿、马圈子、东礼中遗址。

5月至9月　　　　辛占山等发掘抚顺市高尔山山城址。

张克举、李新全等发掘北票市南八家乡四家板村喇嘛洞三燕文化墓地。勘探发掘墓葬 36 座。

高尔山山城远景

5月至10月　　　　苏小幸等发掘普兰店市星台镇巍霸山城建筑址。

方殿春等发掘北票市大板镇八代沟村苍粮窖庙台遗址。

辛占山、李新全等发掘桓仁满族自治县五女山山城。揭露面积 1700 平方米，清理不同时期房址 15 座、大型建筑址 1 处、灰坑 11 个。本次发掘发现的四个时期的遗迹遗物，尤其是出土了一批高句丽早期活动的遗迹遗物，为研究高句丽文化的渊源、内涵及其发展、演变提供了一批宝贵的实物资料。

朱达、吕学明等发掘建平县牛河梁遗址。主要清理面积最大的第二地点 4 号冢。发掘面积 1200 平方米。基本弄清了 4 号积石冢的平面布局、结

五女山山城大型建筑基址

构及各部分之间的早晚关系。为进一步了解牛河梁红山文化遗址内涵提供了新资料。

5月至11月　　陈山等发掘北票市四家板村辽代白川州城址。发掘夯土建筑基础1处。出土了大量陶塑佛像头部残件及泥皮彩绘。根据建筑形制及出土遗物分析此建筑当为佛寺的一部分。

6月至7月　　辽宁省文物考古研究所抢救性发掘凌源市万元店镇康杖子村马家沟辽代墓葬。

7月　　武家昌等发掘阜新蒙古族自治县八家子乡烧锅营子村辽萧旻墓。出土墓志1方，记载墓主人萧旻卒于辽圣宗太平九年（1029），由此始知乌兰木图山南麓是一处辽代后族萧氏家族墓地。墓志内容可补《辽史》之缺，为研究辽代后族萧氏两大族系的世系、分支及分布地域等提供了十分重要的史实资料。

8月　　由辽宁省文物考古研究所承办的"中国史前城址及聚落考古"学术研讨会在绥中县姜女石工作站举行。

8月至10月　　王成生等发掘北票市金岭寺魏晋时期建筑址。发现了5个大型夯土台基和大量的筒瓦、板瓦等建筑构件，初步认定遗址为一处较大规模的魏晋时期建筑遗址。

顾玉才等发掘朝阳县波罗赤乡西大沟、北票市上园镇炒米甸子村鸟化石地点。

金岭寺建筑址出土
莲花纹圆瓦当

9月　　辛占山应韩国文化财管理局局长郑基永的邀请，赴韩国进行学术交流。

9月至10月	王生成应日本福冈市教育委员会教育长町田英俊的邀请，赴日本参加"文明的广场——福冈"公共文化集会。
10月	刘俊勇等发掘大连市旅顺口区大砣子青铜时代遗址。发掘面积360平方米。清理房址7座、灰坑4个。出土器物近200件。遗存可分为三期，其中第二期遗存陶器特点明显，可补充双砣子二期文化陶器资料之不足。
	梁志龙等发掘本溪满族自治县小市镇上堡青铜时代墓地。
	方殿春应韩国考古学会会长任孝宰的邀请，赴韩国江原道参加第二届韩国新石器文化座谈会。
	顾玉才应韩国忠北大学博古馆馆长李隆助邀请，赴韩国参加"纪念秃鲁峰遗址发现20周年暨东北亚地区旧石器文化"国际学术会议并作主题发言。
11月至12月	孙守道赴台湾参加红山文化学术研讨会。

1997 年

2月至3月　　　　万欣应日本奈良文化财研究所所长田中琢邀请，赴日本参加"亚洲古代都城遗迹研究与保护——三燕都城等出土铁器及其它金属器的保护与研究"项目的共同研究工作。

4月至7月　　　　李国学、李世凯、蔡强等发掘朝阳市双塔区中心市场墓地。清理各时期墓葬24座，其中唐墓13座。

4月至11月　　　　辛占山、华玉冰等发掘绥中县姜女石秦汉行宫遗址。主要清理石碑地建筑址。

石碑地瓦件倒塌堆积

5月至8月　　　　辽宁省文物考古研究所发掘兴城市马圈子青铜时代遗址。发掘面积300平方米。清理房址6座，发现以废弃房址作为墓葬的现象。出土陶器以夹砂红褐陶为主，少量为夹砂灰黑陶和泥质红陶，可辨器形有鬲、罐、盆、钵和豆等。遗址文化内涵比较单纯，当属于夏家店下层文化晚期。

王成生、梁振晶等发掘凌海市梁山汉墓群。发掘砖筑墓葬35座。出土各种随葬品百余件。通过随葬品推断其年代应为东汉晚期。

5月至10月	李新全、梁志龙等发掘桓仁满族自治县五女山山城。揭露面积 1638 平方米，清理不同时期房址 21 座、大型建筑址 1 处。 辛占山、陈山等发掘北票市南八家子乡四家板村辽代白川州城址。
5月至11月	郭大顺、孙守道等发掘建平县牛河梁遗址。 辛岩、李维宇等发掘北票市大板镇康家屯青铜时代城址。发掘面积 2050 平方米。出土了大量的夏家店下层文化遗存。此次发掘初步了解了城的设施结构、构筑特点及年代。根据其规模、建筑特点和马面、壕沟及石圈式等结构设施看，推测该遗址应为一处夏家店下层文化时期的军事防御城。
5月至12月	辽宁省文物考古研究所、沈阳市文物考古工作队联合发掘沈阳市石台子山城。确认了石台子山城城墙、马面、门址、涵洞、排水设施等遗迹的基本状况，对山城的形式、结构有了全新的认识。发现的山城城墙遗址，填补了沈阳断代史的空白。
7月	武家昌应日本学习院大学东洋文化研究所所长藤竹晓邀请，赴日本参加该所与大韩民国高句丽研究会共同举办的第三

康家屯城址

石台子山城墙体

届高句丽国际学术大会，会议内容主要是高句丽古坟壁画研讨及古坟群考察。

朝阳市博物馆考古队发掘朝阳市龙城区姑营子辽代耿氏家族墓地。清理墓葬1座。通过对墓葬的地理位置、墓葬的形制、出土遗物及相关资料的对比、分析，确定该墓为辽代汉姓贵族耿氏家族成员墓。

方殿春应韩国考古学会会长任孝宰邀请，赴韩国参加国际学术讨论会。

顾玉才应韩国国立忠北大学博物馆馆长李隆助邀请，赴韩国参加旧石器文化国际学术讨论会。

武家昌、李维宇等发掘北票市西大川青铜时代遗址。发掘面积500平方米。清理灰坑43个、沟3条、房址1座、石墙1处。出土了大量夏家店下层文化陶片。

张克举等发掘北票市南八家乡四家板村喇嘛洞三燕文化墓地。清理土坑竖穴木棺墓43座。

梁振晶等发掘阜新蒙古族自治县梯子庙辽墓。发现墓葬3座，清理其中2座。从墓葬形制及随葬品推测其年代应为辽代早期。

喇嘛沟墓地土坑竖穴墓

1998 年

3月　　　　　　辛占山、张克举应日本奈良文化财研究所所长田中琢邀请，赴日本进行学术交流。

4月至10月　　　辽宁省文物考古研究所、沈阳市文物考古工作队联合发掘沈阳市石台子山城。发掘面积约430平方米。重点清理城门址和排水设施。

4月至11月　　　杨荣昌、万雄飞等发掘绥中县姜女石秦汉行宫遗址。发掘石碑地遗址南部中心大夯土台。基本上搞清了该处秦代建筑的布局。

石碑地南部中心夯土台

5月至10月　　　武家昌、李维宇等发掘北票市西大川青铜时代遗址。发掘面积为1200平方米。清理灰坑70多个、灰沟7条、房址2座、土坑墓 2 座、瓮棺葬 1 座。出土罐、鬲、壶、豆等陶器，纹饰以绳纹为主。该遗址中陶器纹饰部分抹平且饰纹不到口，石器的制作不全精磨及房址的后部出现了经火烧烤的通烟小龛等现象，表现了强烈的自身特点，为研究夏家店下层文化增加了新资料。

5月至11月　辛岩、李维宇等发掘北票市大板镇康家屯青铜时代城址。揭露面积约 2500 平方米。主要清理部分城墙、解剖城壕及马面遗迹、清理东门门址、发掘城内局部地点。出土陶器、骨器、石器近千件。城址的文化面貌单一，内涵丰富，结构布局复杂。城墙上的马面、角台建筑设施既具有加固作用，也具有防御功能。城内发现的台基式房址、石筑穴等建筑遗存，为夏家店下层文化首次发现。

康家屯城址房址

冯永谦等调查辽东中东部战国、秦、汉长城。发现大量的长城沿线城址及烽燧。填补了我国古代长城在东北地区的缺环，学术意义重大。

张克举、万欣等发掘北票市南八家乡四家板村喇嘛洞三燕文化墓地。清理墓葬 369 座。墓葬依山势自西北向东南方向成排布列，大致可分为 12 排。墓向多在 40°—60° 之间。除少量石板墓外，绝大多数为土圹竖穴木棺墓。出土陶、铁、铜、金银和骨器 5000 多件（枚）。墓葬体现出的地方风格和民族特点十分鲜明：在墓主身份较高的墓内，多置有铜或铁马鞍、镳、衔和较多的铜泡饰和摇叶等，多数墓内兵器和生产工具共存，表现出亦兵亦农、耕战结合的浓厚文化色彩。普遍随葬有铁环首器和鹿角形饰（银铅或锡的合金质）、墓圹填土中瘗埋陶罐或壶、木棺的形制等现象，和以往所见同时期的鲜卑墓有所不同，为三燕考古研究提出了新课题。

喇嘛洞墓地全景

6月至10月　　李新全、梁志龙等发掘了桓仁满族自治县五女山山城。主要对城墙进行实测及重点部位和段落进行解剖，并对山顶卷扬机房附近的平地进行了发掘。揭露面积1015平方米，清理不同时期房址12座。出土文物百余件。

7月至11月　　朱达、吕学明等发掘建平县牛河梁遗址。重点发掘第五地点，发掘面积1876平方米。清理石棺墓1座、土坑墓4座、灰坑18个、祭祀坑21个、灰沟1段。出土玉器3件。此次发掘第一次在红山文化积石冢中发掘出祭祀坑，并首次明确了红山文化积石冢外侧有围沟。

7月至12月　　梁振晶等发掘新宾满族自治县赫图阿拉故城城内建筑基址。对尊号台、驸马府遗址进行考古发掘，发现3座夯土台基址。从遗迹分析尊号台遗址应分为东、西两院。驸马府遗址出土长方形砖、花纹砖、筒瓦、板瓦、瓦当与滴水等建筑构件，生活用品以明代青花瓷片为主。

赫图阿拉故城尊号台

8月　　　　　　　　沈阳市文物考古研究所发掘法库李贝堡辽墓。出土辽白瓷钵等遗物 216 件。

10月　　　　　　　辽宁省文物考古研究所、朝阳市双塔区文物管理所联合抢救性发掘唐杨和墓。出土了一批以瓷俑和瓷塑动物为主的重要文物。墓志内容显示杨和墓时代为唐代早期。

10月至11月　　　辛占山、陈山等发掘北票市南八家乡辽代川州城址。在东城门发掘区发现了城门车道遗迹。

11月至12月　　　傅仁义等调查辽西地区旧石器及古生物化石地点。

1999 年

4月至11月	华玉冰等发掘绥中县姜女石秦汉行宫遗址。
	方殿春、朱达等发掘建平县牛河梁遗址。主要发掘第五地点。

5月	林茂雨、李晓钟等发掘沈阳市沈州路东汉墓葬。

5月至9月	傅仁义等发掘喀喇沁左翼蒙古族自治县兴隆庄乡二尺布洞穴遗址。

6月至8月　　韩宝兴、李宇峰等发掘彰武县苇子沟乡朝阳沟辽代墓群。清理墓葬5座。整个墓地以2号墓为中心排列，由下至上呈弧形分为三排，前有祠堂。墓葬虽被盗多次，但仍出土随葬品655件，包括金银器、铜器、铁器、陶瓷器、玛瑙器及马具等。墓地年代从辽代早期延续至晚期。

朝阳沟辽墓墓地全景

6月至9月　　　朱达、吉向前等发掘朝阳县北台子新石器时代至辽金遗址。发掘面积1560平方米。清理房址7座、灰坑261个、灰沟2条、墓葬38座。出土陶器、石器、骨器、铁器等大量遗物。

6月至12月　　　辛岩、李维宇等发掘北票市大板镇康家屯青铜时代城址。发掘面积1100平方米。清理房址6座、石窖穴6个、灰坑20个。出土遗物陶器、石器、骨器、青铜器达数百件。

康家屯城址石窖穴

7月　　　陈山等发掘凤城市边门壕遗址。

7月至9月　　　万欣等发掘北票市大板乡大板营子魏晋时期墓地。清理土圹竖穴木棺墓和石棺墓23座。墓葬呈西北至东南向排成2排。两种墓葬之形均作前宽后窄状，人骨皆为单人仰身直肢。随葬器物以灰陶罐、壶为主，另有为数不多的铁铲、镰、削、刀、

大板营子墓地土圹竖穴墓

镞和少量铜镯、骨笄等。此外，在木棺前台及上部填土中还多置有牛或狗的头骨、趾骨。

7月至10月　　　吉林大学考古学系、辽宁省文物考古研究所联合发掘了北票市盖子顶夏家店下层文化和战国时期遗址。发掘面积800余

平方米。依据层位关系和出土遗物的变化，大体可将遗址分成夏家店下层文化和战国时期。遗址周围为夏家店下层文化时期的石砌城墙，城墙内共发现房址 5 座、灰坑 46 个。出土陶器、青铜器、铁器、石器、骨器等近 600 件。此次发掘的城墙揭露面积较大，且城墙的建筑形式比较特殊，因此为研究夏家店下层文化城址提供了新的考古资料。

7月至11月　　　梁振晶等发掘兴城市望宝山青铜时代遗址。清理房址 7 座。出土鬲、甗、甑、豆、壶、罐、盆、网坠、纺轮等陶器及斧、凿、刀、纺轮、箭头等石器。遗址文化内涵为夏家店下层文化。

7月至12月　　　方殿春等发掘兴城市马圈子青铜时代遗址。发掘面积 1100 平方米。清理墓葬 23 座、房址 22 座、灰坑 22 个、灰沟 3 条。出土陶、石、骨器等各类遗物 200 余件。

8月　　　陈山等发掘凤城市刘家堡子汉代瓮棺墓。清理瓮棺墓 1 座。

8月至11月　　　李新全、陈山等发掘兴城市广粮青铜时代遗址。发掘面积 700 余平方米。清理房址 13 座、灰坑及大型圆台遗迹各 1 个。

9月　　　万欣等发掘本溪市南芬区西山青铜时代石棹墓。

10月　　　方殿春、华玉冰、朱达赴日本奈良文化财研究所参加"关于亚洲古代都城遗迹的研究与保护"会议。

本年　　　李新全、梁志龙等发掘桓仁满族自治县五女山山城。清理山城东墙局部坍塌墙段。

2000 年

<table>
<tr><td>4月</td><td>方殿春、华玉冰、陈山赴俄罗斯伊尔库斯克参加第一届东北亚国际学术研讨会。会议议题是探讨东北亚地区考古学及人种学方面的学术问题。</td></tr>
<tr><td>4月至6月</td><td>田立坤、李勇军等发掘锦州市前西山青铜时代遗址。发掘面积880平方米。清理房址12座、灰坑41个。出土大量的陶质、石质遗物。此次发掘为了解锦州地区青铜时代文化面貌提供了一批全新的资料。</td></tr>
<tr><td>4月至8月</td><td>李新全、梁志龙等发掘桓仁满族自治县五女山山城及周围城址。
方殿春等发掘兴城市马圈子青铜时代遗址。发掘面积500平方米。发现夏家店下层文化房子12座、灰坑38个、灰沟6条，东周墓葬34座。
辛岩等发掘北票市大坂镇孤家子村下南沟战国墓地。
辛岩等发掘北票市长皋乡喇嘛洞村张家房后遗址。
梁振晶等发掘义县七里河镇开州村开义县古城址。
方殿春等发掘绥中县高岭镇何家山遗址。</td></tr>
<tr><td>4月至12月</td><td>辛岩、李维宇等发掘北票市大板镇康家屯青铜时代城址。发掘面积3500平方米。清理房址23座，石筑穴16处及城内院区之间的通道、院墙、隔墙、石仓、石函等建筑。出土陶器、石器、骨器和青铜器等遗物。</td></tr>
</table>

| 5月 | 蔡强、李道新等发掘朝阳市龙城区召都巴辽墓。该墓为砖筑壁画墓，出土遗物不多，但壁画内容丰富。 |

召都巴辽墓壁画

| 5月至6月 | 李维宇等发掘北票市康家屯西城子青铜时代遗址。发掘面积700平方米。清理房址1处、灰坑17个、沟1条。出土遗物有陶器、石器、骨器。 |

| 5月至8月 | 辛岩等发掘北票市康家屯西地城址。发掘面积300平方米。 |

| 5月至9月 | 方殿春、朱达等发掘建平县牛河梁遗址。 |

| 5月至12月 | 辽宁省文物考古研究所、沈阳市文物考古工作队联合发掘沈阳市石台子山城。 |

| 6月至8月 | 华玉冰等发掘朝阳市罗锅地青铜时代遗址。发掘面积1725平方米。清理各种遗迹67个。 |

| 6月至10月 | 陈山等发掘朝阳县柳城镇腰而营子小东山遗址。发掘面积 |

850 平方米。遗址文化内涵丰富，发现了新石器至汉代的遗址，北燕、辽、元及明清时期的墓葬等。新石器时代遗存是小东山遗址的主体部分，遗迹包括房址、灰坑和环沟三大类。出土了筒形罐、钵等各类陶器。

7月　　　陈山等发掘朝阳市郭家前燕墓葬。清理土坑竖穴石室墓1座。

王晶辰、李新全、李勇军赴日本奈良文化财研究所参加"关于亚洲古代都城遗迹的研究与保护"学术会议。

7月至8月　　　梁振晶等发掘阜新蒙古族自治县太平乡四家子辽墓。清理墓葬2座，其中1号墓为萧图古辞墓。

萧图古辞墓壁画《牵马归来图》

陈山等发掘朝阳市新立屯辽金遗址。发掘面积近200平方米。清理房址1座、灰坑7个。出土了一大批生活用具。

张克举、傅仁义、刘胜刚赴俄罗斯科学院西伯利亚分院考古学及人类学研究所进行学术交流。

7月至9月　　　田立坤等发掘锦州市十里台乡齐家窝铺遗址。

朱达等发掘北票市康家屯村五道岗子遗址。

7月至10月　　　方殿春、万欣等发掘建昌县东大杖子战国墓地。共清理墓葬13座，其中4座已被盗掘，其余保存尚好。出土器物中除了大量的青铜兵器、车马具、容器和少量的玛瑙玉石器之外，还有罐、尊、壶、豆等成套陶器，总共350多件（枚、套）。

墓地不仅年代较早、规格较高、分布面积较广，而且在墓地东部附近还有一处规模较大的汉代遗址，其文化内涵也很丰富。种种迹象表明，该墓地有可能是一处与右北平郡郡治有关的包括公、侯一级的贵族墓地。因此，对该墓地的发现和发掘为解决确认辽西地区战国燕的右北平郡治所的地理位置这一重要历史问题提供了一个重要线索。

东大杖子墓地出土铜盖敦

7月至11月　　辛岩等发掘北票市大坂镇下烧锅村盖子顶遗址。

田立坤等发掘凌海市班吉塔镇快手沟遗址。

付兴胜等发掘北票市金岭寺魏晋时期建筑址。发掘面积3900平方米。发掘清理出东西并列的两组大型"亭式"建筑。出土遗物仅见建筑构件。出土瓦当形制罕见，尤为重要的是发现了一块带有"令使"字样的筒瓦。依据考古发掘揭露的遗迹和出土瓦当的特点看，遗址的年代推测约当魏晋之际。该遗址的发掘为探寻前燕的早期活动、确定都邑地望等提供了十分重要的考古资料。

金岭寺建筑址出土"令使"瓦

| 8月 | 陈山等发掘朝阳市腰而营子小湾地北魏墓。清理墓葬2座。 |

| 10月 | 辛占山应韩国先史考古学会会长任孝宰邀请，赴韩国参加国际学术讨论会，会议主题是探讨汉江流域古代山城遗址的正确性质及历史重要性。 |

| 11月 | 吕学明等发掘抚顺市施家高句丽墓地。清理封土石室墓11座，其中壁画墓1座。墓葬均早期被盗，出土随葬品很少，有金耳环、银饰件、鎏金铜耳饰、铁镞、棺钉、釉陶片、泥质灰陶片等。 |

| 11月至12月 | 孙守道、郭大顺应台湾财团法人鸿禧艺术文教基金会邀请，赴台湾参加"金翠流芳展"开幕式及"中国玉器赏析与研究"研讨会。 |

施家墓地全景

2001 年

2月至3月　　　　吕学明赴日本奈良文化财研究所参加"关于亚洲古代都城遗迹的研究与保护"学术会议。

4月至11月　　　　辛岩、付兴胜等发掘北票市金岭寺魏晋时期建筑址。发掘面积4600平方米。清理出2组大型建筑单元。出土了大量建筑构件。基本弄清了建筑遗迹的布局现象和建筑结构特点，为进一步确定遗址的文化面貌，探寻三燕早期慕容鲜卑部的居住、活动情况及建筑方法、特点提供了新资料。

金岭寺建筑址出土柱础

华玉冰、万雄飞等发掘阜新蒙古族自治县关山辽代墓群。清理墓葬7座。出土墓志4合，可确定该墓地为萧和家族墓地。墓志文字达6000余字，对补《辽史》之阙具有重大意义。墓内丰富多彩的壁画是研究辽代传统风俗、宗教信仰礼仪制度以及绘画艺术的珍贵实物。在这一家族墓地中，通过出土墓志确认埋葬具体时间的墓葬达5座，对研究辽代家族墓地的埋葬习俗具有重要的学术价值。

关山辽墓一号墓墓道

辛岩等发掘北票市大板镇康家屯青铜时代城址。

5月　　　　由辽宁省文物考古研究所承办的中国古代玉器与传统文化学术讨论会在沈阳市辽宁大厦召开。与会代表观摩了牛河梁遗址出土的玉器，会后部分代表赴牛河梁遗址参观考察。会后出版了论文集《玉魂国魄》。

5月至7月　　　　李新全、薛英勋等发掘桓仁满族自治县牛鼻子新石器及青铜时代遗址。清理房址 20 座、灰坑 26 个。

5月至9月　　　　陈山等发掘宽甸满族自治县步达远乡高岭地村罗锅地遗址和刘家馆遗址。

　　　　华玉冰等发掘北票市大板镇白蘑菇地遗址。

5月至10月　　　　李新全等发掘沈阳市石台子山城。

6月至10月　　　　陈山等发掘宽甸满族自治县小高岭地积石墓群。共发掘墓

牛鼻子遗址地貌

葬 36 座，其中有 4 座为晚期墓葬，另 32 座墓葬皆积石而成。该墓地仅有 2 座墓出土少量随葬品，其余不见任何遗物。墓内人骨多散乱，均为捡骨葬。

7月至11月	方殿春等发掘建昌县东大杖子战国墓地。

8月至10月　武家昌等发掘新宾满族自治县龙湾洞穴青铜时代积石墓群。清理洞穴墓 3 处。获得了大量新的资料，对辽东地区尤其是太子河上游的北太子河流域的洞穴墓葬研究有了新的认识。

9月　　　　孙守道、郭大顺应台湾大学理学院地质科学研究所邀请，参加海峡两岸古玉学会议。

9月至10月　杨荣昌等发掘绥中县姜女石秦汉行宫遗址。

9月到11月　沈阳市考古研究所发掘沈阳市八家子汉魏墓群。发掘面积1000 平方米，清理墓葬 14 座。

10月　　　　李新全赴汉城参加第 7 次高句丽国际学术大会，会议主题为高句丽遗址的发掘及遗物。

王晶辰、杨荣昌等赴日本奈良文化财研究所与日方就有关三燕遗迹出土的金属器物进行学术交流。

10月至11月　吕学明等发掘抚顺市施家高句丽墓葬。清理发掘墓葬 32座。根据墓葬出土遗物初步判定其年代为高句丽晚期。

本年　　　　辽宁省文物考古研究所、沈阳市文物考古研究所联合发掘沈阳市石台子山城。

2002 年

2月至3月　　　方殿春、李勇军赴韩国参加国际学术会议。

4月至7月　　　辛岩等发掘北票市史家沟墓地、孙家湾墓地及下南沟墓地。

4月至10月　　方殿春、陈山、华玉冰等发掘抚顺县关门村马家坟墓地、大西沟门积石墓地及西场园积石墓地。

5月至8月　　　万雄飞等发掘阜新蒙古族自治县关山辽代墓群。清理墓葬2座。出土墓志1合，记载墓主人为萧德让，下葬时间为辽大康二年（1076）。这两座墓葬的发掘充实了关山萧氏家族墓地的材料。出土的壁画、石经幢等遗物对研究辽代的宗教、艺术、礼仪等诸多方面具有重要的作用。

萧德让墓经幢题记拓片

5月至10月　　付兴胜、辛岩等发掘北票市金岭寺魏晋时期建筑址。经过连续3年对遗址进行大规模的勘探和发掘，共勘探面积4万多平方米，发掘面积9000平方米。清理出3组大型"亭式"建筑址以及外围环壕，基本厘清了该建筑址的布局和结构。金岭寺建筑址中出土的遗物主要是建筑构件，发现刻有"令使"二字的筒瓦、板瓦等遗物。瓦当当面图案为几何莲花瓣纹样，其制作方法、图案表现的形

金岭寺建筑址全景

式和艺术风格较为独特，带有较强的地域性和民族特点，与它相似的瓦当图案目前仅见于朝阳三燕时期龙城遗址。因此推测金岭寺建筑址应是曹魏初年慕容部始定居于辽西大凌河流域的一处早期高等级建筑遗存，时代相当于东晋。

辽宁省文物考古研究所、沈阳市文物考古研究所联合发掘沈阳市石台子山城。

5月至11月　朱达等发掘建平县牛河梁遗址。发掘第十六地点1400平方米。清理红山文化墓葬3座，中心大墓中出土玉人、玉凤等精美玉器。

9月　郭大顺、吕学明赴台北参加第一届海峡两岸亚太地区史前学研讨会。

牛河梁遗址第十六地点中心大墓

119

9月至11月　　　方殿春、万雄飞、白宝玉等发掘建昌县东大杖子战国墓群。清理墓葬13座。出土了短剑、戈、环首刀、镞、鼎、敦、豆、壶、车軎等青铜器及罐、壶、豆等陶器。此次发掘为研究中原地区周文化与北方地区土著文化之间的关系以及确定战国燕曾设置的右北平郡所的位置提供了新材料。

10月　　　　　方殿春、梁振晶、孙立学赴日本奈良文化财研究所就三燕遗迹出土的金属器进行学术交流。

10月至11月　　陈山、徐韶钢等发掘东港市黄土坎镇山西头青铜时代遗址。发现房址4座、灰坑3个。

11月　　　　　朝阳市博物馆考古队发掘朝阳市龙城区姑营子辽代耿氏家族墓地。清理墓葬1座。出土墓志1合，记载该墓为辽代初期曾出任节度使的通事耿崇美及夫人"卫国夫人耶律氏"合葬墓。

耿崇美墓壁画

2003 年

3月至4月　　　　田立坤、辛占山赴美国堪萨斯大学参加"跨疆域考古：3—7世纪高句丽和北方王国遗产"学术会议。

4月　　　　陈山、徐韶钢等发掘东港市山西头青铜时代遗址。发掘面积 230 平方米。清理房址 5 座。出土泥质磨光、直口、方唇、矮圈足陶盘等特色器物。碳 –14 测年为距今 3300 年左右。这批特征鲜明遗存的发掘为辽东地区在商代晚期的考古文化研究建立了一个标尺。

山西头遗址

4月至5月　　　　陈山、徐韶钢发掘庄河市平顶子山青铜时代遗址。发掘面积 2900 平方米。清理半地穴式房址 11 座、灰坑 9 个、土坑竖穴墓 2 座。出土陶器和石器等遗物。根据出土遗存分析遗址的年代应为春秋时期。此次发掘为进一步研究辽东史前文化序列提供了一批新的考古学资料。

| 5月 | 李维宇等发掘庄河市杨树房新石器时代遗址。发掘面积300平方米。 |

李维宇等发掘庄河市杨树房新石器时代遗址。发掘面积300平方米。

辽宁省文物考古研究所发掘了朝阳县胜利乡吴家杖子战国墓地。发掘小型土圹竖穴墓14座。出土陶、铜、骨器近30件。从墓的形制和随葬品特点看，其相对年代应为战国时期。

李恭笃赴韩国全南大学参加韩国湖南考古学会第11届学术大会，并以辽宁地区史前文化为内容发表演讲。

5月至7月　　梁振晶等发掘桓仁满族自治县大甸子青铜时代墓地。清理墓葬6座，其中封土石室墓5座。

5月至11月　　朱达等发掘建平县牛河梁遗址。发掘第十六地点1738平方米。清理红山文化墓葬9座。出土玉器21件。此次发掘为研究红山文化葬俗、红山文化玉器、红山文化与周边文化的关系，以及辽西地区文明起源的道路和特点都提供了十分珍贵的新资料。

牛河梁遗址第十六地点发掘区全景

6月	李维宇等发掘庄河市栗子房青铜时代遗址。发掘面积500平方米。清理房址1座、灰坑4个、灶址1座。
	朝阳市双塔区文物管理所发掘朝阳市双塔区中山营子唐墓。清理墓葬1座。
6月至7月	王晶辰赴美国华盛顿参加第五届世界考古学会。
6月至9月	陈山、熊增珑等发掘抚顺县大西沟门青铜时代遗址。发掘面积1500平方米。清理青铜时代的遗存及封土石室墓。青铜时代遗存破坏严重，遗迹现象不清晰。发掘封土石室墓14座。大西沟门青铜时代遗存与该地区望花类型内涵相似，年代大约在商末周初。封土石室墓遗存的年代在5世纪前后。此次发掘对于了解抚顺地区青铜时代考古学文化及5世纪前后的墓葬的形制、葬俗等提供了一批参考资料。
6月至10月	辛岩、徐韶钢等发掘抚顺市高丽营子青铜时代遗址及石棺墓。
7月	陈山、熊增珑等发掘抚顺县赵家坟青铜时代石棚。发现许多人头骨残片、大量夹砂红陶片、石质管形饰件、鱼形铜饰件、绿色泥质砂岩佩饰、石纺轮、陶壶、陶罐等。依出土陶器分析，年代应相当于西周到春秋时期。该石棚的发现不仅为抚顺地区同类型石棚提供了年代标尺，而且为进一步研究辽东地区石棚文化内涵提供了有价值的实物资料。

赵家坟石棚

李维宇等发掘抚顺县邱家沟金代遗址。发掘面积1100平方米。

7月至10月

李新全等发掘朝阳市珠江广场唐代家族墓。清理墓葬17座。出土墓志3合及铜、铁、瓷、釉陶、彩绘陶、骨、漆器等遗物500余件。该墓群是历年来朝阳地区所发现规模最大、墓葬排列紧密有序、出土文物丰富精美的唐代家族墓，具有重要的研究价值和历史意义。

辽宁省文物考古研究所、沈阳市文物考古研究所联合发掘沈阳市石台子山城。

7月至11月

田立坤、万雄飞、白宝玉等发掘朝阳市北大街十六国北魏隋唐和辽代建筑址。发掘面积4200平方米。清理出包括三燕、北魏、隋唐和辽等四个时代的遗迹。所揭露的隋唐和辽代城门、道路和城墙是在三燕龙城宫城的基础上续建的。城门、道路和城墙都基本保存完好，规模较大，规格较高，在辽代考古中是第一次发现，在唐代考古中也极少见，具有重要的研究价值。

北大街城门发掘现场

| 8月至12月 | 辽宁省文物考古研究所、朝阳市博物馆联合发掘朝阳市纤维厂唐代墓地。清理砖室墓17座。出土鼓吹俑等文物数百件。墓地中部的3座墓葬各出土墓志1合，记载墓主人分别为孙忠、孙则、孙道，由此可知该墓地为一处唐代孙氏家族墓地。墓地的发掘是朝阳地区唐代墓葬考古的重大发现，出土的墓志记述有关唐代初期中国北方地区的民族关系，以及唐王朝为巩固东北边疆地区而采取的安抚、讨伐等策略，为研究唐初中国北方地区民族关系史、军事史提供了一批崭新的资料。 |

| 9月至10月 | 李维宇等发掘抚顺县李其沟汉魏时期遗址。发掘面积1500平方米。清理房址1座、灰坑15个。 |

| 10月 | 武家昌赴韩国汉城世宗文化会馆参加第9届高句丽国际学术大会。讨论近年来发现的高句丽壁画的艺术价值、研究现状等问题。 |

| 10月至11月 | 万欣、徐韶钢等发掘建昌县东大杖子战国墓群。清理墓葬5座，除1座已被盗之外，其余4座保存尚好。出土陶、铜、玛瑙等各种器物150余件（套）。 |
| | 晶辰、李维宇、万雄飞等赴日本奈良文化财研究所进行学术访问，就3—6世纪中日古代遗迹出土文物开展共同研究。 |

| 本年 | 李新全、梁志龙、白宝玉等发掘桓仁满族自治县五女山山城。揭露面积1300平方米。清理不同时期房址23座、大型建筑址1处、铁器窖藏1处。 |

2004 年

3月至8月   梁振晶等发掘辽阳市电力设备有限公司厂区东汉墓群。发掘石板墓 3 座，墓内皆绘有壁画。

4月至5月   辛占山应韩国金海市政府邀请参加第 10 届加耶史学术会议，就三燕马具的发现与研究进行学术交流。

4月至11月   田立坤、万雄飞、白宝玉等发掘朝阳市三燕至辽金元时期城门遗址。发现了建筑址、道路、水渠和水井等重要遗迹，出土遗物 1000 余件。其中最重要的发现是在三号地点内城城门遗址上发现的三燕至北魏时期的城门遗址，从而确定了三燕龙城之所在。这次考古发掘是朝阳城市考古的一次重大突破，并为十六国时期城市考古提供了重要的新资料。特别是三号地点城门遗址从三燕一直延续至辽金元时期，历时千年，这在我国城市考古中是极为罕见的发现。

龙城宫城南门遗址

5月	辽宁省文物考古研究所、沈阳市文物考古研究所联合发掘沈阳市石台子山城。
5月至6月	田立坤、华玉冰、吕学明、万欣等赴日本奈良文化财研究所进行学术访问，就3—6世纪中日古代遗迹出土文物开展共同研究。
6月至9月	赵晓刚、付永平等发掘辽宁大学青铜时代遗址。
7月	韩国祥、蔡强等发掘朝阳市唐张狼墓。
10月至11月	李新全、吕学明等发掘新宾满族自治县永陵南汉城址。本次发掘工作除了对城址进行测绘和勘探外，还对东城墙的南北两端进行了解剖，对城内北部进行了试掘，发掘面积200平方米。出土遗物主要为建筑构件和生活用具。初步确认了该城始建于西汉且沿用时间很长。

李龙彬等发掘法库县叶茂台辽墓。清理砖石混筑多室墓1座。墓道两侧壁、墓门和甬道绘有壁画。出土有石质契丹小字墓志残块及碎片。随葬品中白瓷三联盒和八棱酒壶为辽

叶茂台辽墓出土白瓷三联盒

墓中首次发现。该墓葬的发掘充实了叶茂台辽墓群的材料，为进一步研究该墓地的情况提供了新的考古资料。出土的壁画、契丹小字墓志铭和其他遗物，对研究辽代宗教艺术、丧葬习俗及历史文化等方面有着重要意义。

11月	田立坤赴美国纽约大都会博物馆参加学术研讨会，并作辽宁地区三燕时期的考古新发现的学术报告。

2005 年

4月 　　　　　李新全赴美国参加高句丽历史与考古的学术会议。

4月至12月 　　田立坤、白宝玉等发掘朝阳市三燕龙城遗址。发掘区主要集中在北大街和营州路附近。此外还发现了城门遗址 2 处，及城墙、道路、建筑址、排水系统等多处重要遗迹。

5月至6月 　　李新全、穆启文等赴日本奈良文化财研究所进行学术访问，就 3—6 世纪中日古代遗迹出土文物开展共同研究。

6月至11月 　　辛岩、徐韶钢等发掘朝阳市龙城区上河首青铜时代遗址。发掘面积 3250 平方米。清理房址 27 座、石筑穴 5 座、石仓 3 座、水井 1 口、灰坑 110 个。出土了大量陶器、石器、骨器等遗物。上河首遗址的发掘为进一步研究夏家店下层文化聚落址的建筑布局以及当时的居室生活与社会形态等多方面都提供了一批全新的重要资料。

7月 　　　　　华玉冰赴法国、意大利执行考察世界文化遗产任务。

上河首遗址东区发掘全景

8月　　　　　傅仁义、樊圣英等发掘朝阳市马山洞第四纪哺乳动物化石地点。出土大量啮齿类、食草类、食肉类动物化石，有马、牛、羊、转角羚羊、鹿、犀牛、猛犸象等。其

马山洞发掘现场

年代应属于晚更新世，距今 10 万年左右，处于旧石器时代的中晚期。

9月至10月　　　熊增珑等发掘抚顺市河夹心石棚与石板墓地。发掘面积 400 平方米。清理石棚 4 座、石板墓 2 座。此次发现的 4 座石棚都带有墓域，展现了与以往抚顺地区所发现石棚不同的特点。

9月至11月　　　李新全、李龙彬等发掘新宾满族自治县永陵南汉城址。发掘面积约 1500 平方米。重点对城墙进行了勘测与解剖，对城

河夹心墓地

内东北部进行了发掘。基本弄清楚了城墙夯筑的结构特点和门址的分布情况，否定了过去认为开有南门的说法，同时初步了解了城内的地层堆积和遗迹分布状况。发掘出土了大量汉代、高句丽时期及辽金时期的建筑材料和生产、生活遗物，为进一步确定该城址的文化面貌和性质，探寻高句丽县治和玄菟郡二迁址郡治的具体地理位置及建筑情况提供了重要的材料。

10月 　　李维宇、吴正等发掘辽阳县首山天律塔遗址。清理外围护墙、塔基和地宫。天律塔遗址的发掘为研究辽阳地区明末清初僧人死后建塔及地宫的作用和意义提供了新的资料。

　　李新全应高句丽研究财团的邀请和中国社会科学院中国边疆史地研究中心的派遣，赴韩国就高句丽问题开展双边学术交流。

　　辛占山赴德国参加韩国高句丽壁画艺术国际学术交流讨论会。

11月 　　华玉冰赴德国考察世界遗产地。

本年 　　辽宁省文物考古研究所、沈阳市文物考古研究所联合发掘沈阳市石台子山城。

石台子山城

2006 年

3月　　　　　　李宇峰、万雄飞赴日本参加关于辽代历史考古的学术研讨会。

4月　　　　　　万欣等发掘盖州市沙沟子与光荣村汉代砖墓和贝壳墓。
　　　　　　　　田立坤赴韩国金海市参加第 12 回加耶史学术会。

4月至5月　　　梁振晶等发掘辽阳县耿家东汉至魏晋时期墓地。

5月至6月　　　徐韶钢等发掘朝阳市龙城区上河首辽代遗址。发掘面积
　　　　　　　　975 平方米。清理房址 6 座、灰坑 18 个。出土陶器、瓷器、
　　　　　　　　铁器、铜器、骨器、瓦等文物。该遗址的发掘为进一步研究辽
　　　　　　　　代聚落址的建筑布局以及当时的居室生活与社会形态等多方面
　　　　　　　　都提供了一批重要资料。

5月至8月　　　中国社会科学院考古研究所、辽宁省文物考古研究所、大连
　　　　　　　　市文物考古研究所联合发掘长海县小珠山新石器时代贝丘遗址。

小珠山遗址地貌

5月至11月　熊增珑、高振海等发掘新宾满族自治县永陵南汉代城址。发掘面积2450平方米。发现夯土台基多处，为认识该城早期的建筑布局找到了重要的依据。出土于夯土台范围内的涂朱模制泥质灰陶四界格莲花纹瓦当，显示出建筑等级之高，推测该城应为魏晋时期重要的地方政权所在地。此次发现的铜钱范应为制作"五铢"钱的母范，另外还见有"千秋万岁"等瓦当，可以看出汉代此城的地位很高，为研究汉代对东北地区的经略提供了重要材料。

永陵南城址出土
四界格莲花纹瓦当

6月　白宝玉等发掘朝阳市龙城区七道泉子西三家辽墓。墓为砖筑，由墓门、甬道、东西耳室和墓室组成，甬道及主室绘有壁画。

西三家辽墓出土主室竹林幔帐图

9月　田立坤、李龙彬等赴日本奈良文化财研究所进行"朝阳地区隋唐墓葬的整理与研究"共同研究项目的学术交流。

9月至11月　樊圣英等发掘桓仁满族自治县北甸子乡王义沟高句丽遗址。发掘面积1250平方米。清理房址10座、灰坑11个。

华玉冰、李龙彬等发掘凤城市凤凰山山城。发掘面积约1000平方米。基本上搞清了1号门址的具体位置和时代及其

凤凰山山城1号门址北侧瓮门

北侧瓮城的形制结构和时代，马面、哨所、瞭望台等建筑遗迹的具体位置、形制结构和时代。同时对山城内以上各遗迹的交通道路也进行了初步的认定，为全面了解山城形制奠定了基础。

梁振晶等发掘桓仁满族自治县上古城子魏晋墓群。清理墓葬4座。

10月　　　　王晶辰赴日本奈良文化财研究所签订《友好共同研究协议书》，进一步推进"朝阳地区隋唐墓葬的整理与研究"项目研究。

10月至11月　　华玉冰、梁志龙等发掘本溪满族自治县新城子青铜时代墓地。发掘总面积为400平方米。清理石棺墓16座。出土了一批具有地方特色的陶壶。该墓地与相邻地区同时期青铜时代文化面貌有明显的差异，展现出了不同的文化特色。该墓地的发掘极大地丰富了辽宁地区青铜时代文化内涵。

本年　　　　　辽宁省文物考古研究所、沈阳市文物考古研究所联合发掘沈阳市石台子山城。

樊圣英等发掘阜新蒙古族自治县紫都台乡毛德村哈达梁新石器时代遗址。发掘总面积1800平方米，清理房址3座、灰坑13个。根据出土遗物特征比较分析，该遗址文化面貌与发现于内蒙古自治区敖汉旗的赵宝沟文化相近，它的发掘为研究辽宁境内的新石器时代考古学文化的分布、发展、传播和交流提供了一批崭新的实物资料。

哈达梁遗址出土筒形罐

2007 年

5月至10月　　　樊圣英等发掘桓仁满族自治县北甸子乡王义沟遗址。发掘面积 750 平方米。清理房址、灰坑、墓葬等遗迹。出土陶器、石器、铁器等遗物。

5月至11月　　　李新全、苏鹏力等发掘新宾满族自治县永陵南汉代城址。发掘面积 400 平方米。发现大型夯土建筑基址、房址、灰坑等重要遗迹以及大量的板瓦、筒瓦、瓦当和生活遗物。

7月至12月　　　李龙彬、司伟伟等发掘凤城市凤凰山山城。城外发现有高句丽墓葬，城内发现瞭望台及大型建筑址等重要遗迹。对城外墓葬的考古调查，首次明确了山城墓葬的分布情况，对探讨山城墓葬的形制特征以及埋葬习俗具有重要意义。对城内居住址、瞭望台及建筑址的调查和发掘，进一步了解

凤凰山山城瞭望台全景

了城内设施的位置、功能和布局，其中 2 号瞭望台顶部发现了地面铺石和台上建筑的痕迹，在高句丽山城同类遗迹中尚属首次，为确认该类建筑的建筑方式和功能提供了新资料。

10月至11月　　樊圣英等发掘桓仁满族自治县华莱镇冯家堡子高句丽墓群。清理墓葬6座，其中积石石室墓2座、大石盖积石护室墓4座。出土遗物较少，可复原的陶器5件。

冯家堡子墓地发掘现场

华玉冰、方殿春、白宝玉等赴日本奈良文化财研究所进行"朝阳地区隋唐墓葬的整理与研究"项目的学术交流。

王晶辰应韩国国立文化财研究所所长金奉根邀请，赴韩国参加东亚文化遗产保护国际学术讨论会。

11月至12月　　李龙彬、李海波等发掘昌图县泉头镇塔山辽代遗址。

12月　　华玉冰应韩国全南大学校BK21CAA+专门研究人才培养事业团邀请，赴韩国参加关于东北亚细亚的支石墓研究的海外名家讲座。

本年　　中国社会科学院考古研究所、辽宁省文物考古研究所、大连市文物考古研究所联合发掘长海县小珠山新石器时代贝丘遗址。

小珠山遗址椭圆形房址

沈阳市文物考古研究所发掘沈阳市郭七青铜时代遗址。

2008 年

2月至6月　　李龙彬、李海波等发掘昌图县泉头镇塔山辽代遗址。发掘面积 1175 平方米。发现辽代塔基、庙基各 1 处。出土包括佛像、瓦当和大量建筑构件的丰富遗物。此次发掘为研究辽北地区的辽代文化、建筑形制提供了珍贵材料。

4月　　　　田立坤、李新全应韩国蔚山文化财研究院院长邀请，赴韩国参加关于中国考古学的演讲会。分别作了《考古上所见的六方连续纹样》《辽东地区积石墓的演变》的学术演讲。

4月至5月　　白宝玉等发掘辽阳市北顺城街金元时期建筑址。清理城墙 1 道、建筑址 1 处。

　　　　　　樊圣英等发掘朝阳市龙城区火神庙青铜时代遗址。发掘面积 1925 平方米。清理灰坑 23 个、灰沟 2 条。从出土遗物推断该遗址为夏家店下层文化时期。

4月至7月　　中国社会科学院考古研究所、辽宁省文物考古研究所、大连市文物考古研究所联合发掘长海县小珠山新石器时代贝丘遗址。

4月至12月　　李新全、苏鹏力等发掘新宾满族自治县永陵南汉代城址。通过发掘基本上解决了该城的布局、结构、始建和废弃的年代问题，取得了阶段性成果。其中出土的一件残损封泥，根据其残留的文字推测，可能是一枚"高句骊丞"的封泥，这一发现对该城的名称和性质的确定起到非常重要的参考作用。

5月　　　　　　　吕学明赴英国伦敦大学执行第五期省级考古研究所所长管
　　　　　　　　理干部培训班学员出国考察学习任务。

5月至11月　　　　李龙彬、李海波等发掘辽阳市苗圃汉魏墓群。发掘面积
　　　　　　　　2000平方米。清理石板墓18座、砖室墓2座，出土陶器、青
　　　　　　　　铜器及金银器等各类遗物600
　　　　　　　　多件。苗圃汉墓是辽阳市内迄
　　　　　　　　今为止发现的最大的汉魏时期
　　　　　　　　墓地，墓葬形制丰富，出土文
　　　　　　　　物繁多，研究价值极高。对于
　　　　　　　　该墓地的科学发掘和周边汉魏
　　　　　　　　墓葬的详细梳理，有助于解决
　　　　　　　　辽阳地区汉魏墓葬分布范围以
　　　　　　　　及年代序列等问题。

苗圃墓地石板墓

林四家子一号墓壁画

槐树房墓地

6月至8月　　　　　万雄飞等发掘朝阳市双塔区林四家子辽墓。发掘墓葬9座，其中砖室墓6座、石函墓3座。

6月至10月　　　　白宝玉、司伟伟等发掘营口市槐树房村汉墓群。清理砖室墓和瓮棺葬27座。出土陶、铜、石、琥珀、玛瑙、琉璃、骨、漆等多种质地的随葬品。通过对墓葬形制和随葬品的分析，确定墓群年代为东汉。

8月　　　　　　　由辽宁省文物考古研究所承办的东北地区考古工作座谈会在营口举行。来自国家文物局、中国社会科学院考古研究所、吉林大学等高校以及辽宁、黑龙江、吉林、内蒙古多家文博单位的30多位代表参加了会议。

8月至11月　　　　徐韶钢、赵少军等发掘营口市鲅鱼圈区天瑞水泥厂汉墓群。清理土圹竖穴贝壳墓34座、砖室墓4座。出土文物近400件。通过对墓葬形制以及出土遗物综合分析，初步认为该墓地延续时间自西汉晚期到东汉早期。

9月至10月　　　　田立坤赴韩国国立忠北大学中原文化研究所参加"古代人骨之形体质人类学"国际研讨会。

樊圣英等发掘桓仁满族自治县高俭地山城。清理北门、马面以及一号坡道。

10月至12月 　徐韶钢、高振海等发掘抚顺市刘尔屯人工湖汉墓群。清理墓葬23座，其中有砖室墓17座、瓦棺墓5座、瓮棺墓1座。出土文物400余件。根据墓地所在的位置及墓葬形制、随葬品判定其年代大致为东汉早期到中期。

11月 　李新全、冯雷、郭明等赴日本奈良文化财研究所进行"朝阳地区隋唐墓葬的整理与研究"方面的学术交流。

11月至12月 　李龙彬、樊圣英等发掘辽阳市永昌雅居金代钱币库遗址。窖藏中出土金代的大定通宝，《金史·食货志》记载"大定十八年，铸大定通宝……大定二十九年十月，罢铸"。在当时辽阳为金朝的东京（辽阳府）的所在地，钱库所处的位置正位于辽阳老城区的西南部，可以初步判定该窖藏应属于金朝所有，其年代应该为金代中晚期。

永昌雅居钱币窖藏近景

2009 年

3月至4月　　　　冯雷应菲律宾杜乔潜水培训中心邀请，赴菲律宾参加水下考古学术交流活动。

4月至5月　　　　白宝玉、徐政等发掘辽阳市太子河区肖夹河汉墓。清理砖室墓2座、石室墓1座。从墓葬形制和随葬品特征分析判断，其时代为西汉晚期到东汉晚期。

5月　　　　田立坤、华玉冰、梁振晶赴韩国蔚山文化财研究院参加学术演讲会。分别作了题为《龙城考古及收获》《辽东地区青铜时代考古学文化研究》《辽东

田立坤赴韩学术交流现场

地区汉墓陶器分期初步研究》的学术演讲。

5月至7月　　　　辽宁省文物考古研究所、美国匹兹堡大学及夏威夷大学联合开展大凌河上游流域田野考古调查工作。调查总面积约205平方千米。调查、采集区域集中在东山嘴、南哨和二布尺3处红山文化遗址周围。

7月至10月　　　　李新全等发掘凌源市田家沟新石器时代墓群。发掘夹鼻梁子和西梁头2处墓地，均属于红山文化晚期。墓地规模较小，

其所代表的社群规模也较小。该墓群的发掘有助于进一步解释牛河梁及周边地区红山文化墓葬群所代表的史前社会组织的规模与结构。

司伟伟等发掘阜新蒙古族自治县界力花青铜时代遗址。发掘面积共 900 平方米。发现房址、墓葬、灰坑、灰沟等遗迹。出土玉石器、陶器、骨器等遗物。该遗址是一处夏家店下层文化聚落遗址，此次发掘为了解辽西地区先民的聚落形态、丧葬习俗等提供了新的考古资料。

7月至11月　华玉冰、徐韶钢等发掘阜新蒙古族自治县代海青铜时代墓地。发掘总面积 2900 平方米。发现墓葬 62 座、灰坑 30 个、灰沟 4 条。墓葬随葬陶器、青铜器、蚌壳制品及贝类饰品。发现有殉牲现象，种类有猪和狗。代海墓葬所反映的文化内涵与夏家店下层文化具有一定的相似之处，又具有高台山文化的某

些特点，为研究夏家店下层文化和高台山文化之间的关系提供了一批新的实物资料。

7月至12月　　　苏鹏力等发掘灯塔市燕州城城址。发掘面积 900 平方米。发现高句丽城墙、马面以及辽金石器门址等重要遗迹。为研究燕州城的结构和历史沿革提供了重要的考古资料。

8月　　　田立坤赴香港中文大学中国文化研究所中国考古艺术研究中心参加"海峡两岸传统文化及玉器研究"学术研讨会。

华玉冰赴韩国国立罗州文化财研究所与韩、日方有关专家共同研讨东北亚石棚墓的有关学术问题。

8月至10月　　　李新全、樊圣英等发掘彰武县兴隆山乡头道屯青铜时代遗址。发掘面积 2100 平方米。发掘房址 3 座、灰坑 44 个。出土完整和可复原的陶、石、骨器近百件。典型器物为外饰红陶衣带有桥状耳的陶壶和口沿装饰堆纹的夹砂灰陶罐，由此推断该遗址的文化内涵为高台山文化。

李龙彬、徐政等发掘西丰县永淳早期铁器时代遗址和墓地。发掘面积2500平方米。遗址和墓地文化内涵比较单一，出土遗物比较丰富。遗址内出土陶器主要有叠唇罐、侈口罐等。墓地随葬陶器较多，石器及青铜饰品较少。辽北地区发掘清理的早期铁器时代遗存较少，而永淳遗址和墓地的发掘为进一步了解该地区早期铁器时代的居址结构和丧葬文化等提供了一批较为重要的新资料。

李龙彬、赵少军等发掘西丰县东山青铜时代遗址。发掘面积2000平方米。清理遗址1处、墓葬18座。墓葬以石棺墓为主，规格小，多为捡骨二次葬。其相对年代约为春秋末至战国初。

田立坤、万雄飞等赴日本奈良文化财研究所进行"朝阳地区隋唐墓葬的整理与研究"方面的学术交流。

中国社会科学院考古研究所、辽宁省文物考古研究所、大连市文物考古研究所联合发掘长海县小珠山新石器时代贝丘遗址。

小珠山遗址发掘区

2010 年

3月　　　　　冯雷赴菲律宾执行参加学术交流活动任务。

　　　　　　田立坤、华玉冰赴韩国蔚山文化财研究院进行学术交流。
分别 作了题为《銮镰考》《石棚与盖石墓的发展演变》的学术
演讲。

3月至5月　　赵少军、梁振晶等发掘绥中县崔家河沿汉至明清遗址。发掘
面积约 2000 平方米。清理房址 12 座、灰坑 9 个。出土各类遗
物约 500 件。

3月至10月　　白宝玉、徐政等发掘普兰店市姜屯汉墓。清理土坑墓和砖
室墓 207 座。出土各类遗物 2000 余件。通过对墓葬形制和出
土遗物分析，该墓群的年代上限可到西汉中期，下限可达东
汉中晚期。此次发掘的墓葬形制较全，所得材料丰富，为研
究辽东地区的汉代历史以及汉代墓葬的分期、断代都提供了
新资料。

崔家河沿遗址发掘现场　　　　　　　　　　　　　　　　　　　　　姜屯墓地土坑墓

4月	傅仁义赴澳门参加中国古生物化石保护座谈会。

4月至5月　　田立坤赴韩国蔚山文化财研究院参加国际学术会议。此次学术交流的主题是大成洞古坟发掘 20 周年。

4月至9月　　中国社会科学院考古研究所、辽宁省文物考古研究所、大连市文物考古研究所联合发掘大连市广鹿岛镇小珠山遗址、吴家村遗址。

5月至6月　　李新全等发掘阜新市彰武县兴隆山乡前长坨子村坨子地遗址。

5月至11月　　李新全、苏鹏力等发掘灯塔市燕州城山城。发现城门址 1处、马面 5 座、马道 1 座。出土大量陶、瓷、石、铁、铜、骨等材质的遗物 300 余件。

6月至7月　　辽宁省文物考古研究所、美国匹兹堡大学及夏威夷大学联合开展大凌河上游流域田野考古调查工作。调查、采集区域集中在东山嘴、南哨和二布尺 3 处红山文化遗址周围。

中美合作大凌河上游流域调查

7月至9月 　　吉林大学边疆考古研究中心、沈阳市文物考古研究所联合发掘新民市偏堡子青铜时代及辽金遗址。发掘面积 500 平方米。清理房址、墓葬、灰坑、灰沟、灶等遗迹 206 个。

7月至12月 　　李龙彬、司伟伟等发掘凤城市凤凰山山城。清理城址 3、4 号门址。

8月至10月 　　辽宁省文物考古研究所发掘凌源市三家子乡田家沟墓葬群第三、第四地点。

10月 　　吕学明赴韩国江原道大学博物馆参加辽宁地域青铜器文化的展开与韩半岛的学术会议。

10月至12月 　　李龙彬、樊圣英等发掘阜新蒙古族自治县乌兰木图山辽墓群。清理墓葬 2 座。发现平原公主及驸马合葬墓。

11月 　　冯雷赴肯尼亚执行中肯合作拉穆群岛水下考古项目任务。

平原公主墓壁画《出行图》

2011 年

4月至5月　　　　辽宁省文物考古研究所、吉林大学边疆考古研究中心联合开展本溪地区旧石器考古调查。共发现旧石器地点 18 处。

5月　　　　　　李向东、吕学明赴韩国蔚山文化财研究院进行学术交流。吕学明的讲演题目是《辽东地区新石器时代陶器》。

5月至11月　　　苏鹏力、司伟伟等发掘灯塔市燕州城山城。发掘面积 2000 平方米。清理城墙 120 余米，发现城门址 1 处、排水涵洞 2 处、马面 1 座。出土各时期遗物 300 余件。通过此次发掘出土的遗物分析和对比可推断该城址始筑于高句丽中期，在辽金时期分别对城址加以利用，金代对城址进行了大规模维修。

燕州城山城马面

5月至12月　　　辽宁省文物考古研究所发掘凌源市田家沟新石器时代墓群。对第二、第三、第四地点进行全面清理。此次清理为正确阐释红山文化晚期积石冢墓地的营建与使用、墓葬的陆续葬入与墓地的形成乃至墓地的废止，提供了弥足珍贵的考古学资料。

6月至8月　　　　白宝玉、褚金刚等发掘凌海市龙台青铜时代至辽金时期遗址。发掘面积800平方米。发现房址4座、灰坑25个、灰沟1条。出土有陶器、瓷器、石器、铁器等遗物。遗址中发现的花边口沿鬲、叠唇盆等器物应属于魏营子文化类型。遗址的发掘为探讨小凌河流域青铜时代考古学文化的分布提供了新资料。

6月至12月　　　白宝玉、徐政等发掘凌海市台山青铜时代至辽金时期遗址。

8月至9月　　　　山东大学考古学系、辽宁省文物考古研究所、大连市文物考古研究所联合发掘大连市旅顺口区王家村新石器至汉代贝丘遗址。发掘面积72平方米。发现房址、灰坑、墓葬等遗迹现象。出土的红陶鬲及弦纹陶罐等表明大连地区与海岱地区同时期文化之间存在密切联系。遗址的发掘为该地区贝丘类遗址的研究提供了宝贵资料。

8月至12月　　　梁振晶、辛岩等发掘凌海市大马口子南山青铜时代城址。发掘面积5450平方米。清理大型房址4座、灰坑7个、石墙

2 段。出土夹砂红褐陶等典型夏家店下层文化遗物。

　　华玉冰、徐韶钢、高振海等发掘建昌县东大杖子战国墓地。发掘大型土坑竖穴墓葬 1 座，平面呈"凸"字形，二椁一棺，随葬品以仿青铜彩绘陶礼器为主，有鼎、豆、壶、盘等数十件，规格较高，各种动物造型逼真，彩绘鲜艳；另在外椁底板上普遍放置制作精美的滑石镂空饰件和陶串珠等。从墓葬形制、陶器组合、器物形态看，该墓的年代为战国晚期，属燕文化，同时也具有北方文化的特点。该墓地的发掘表明在战国晚期这一地区已经纳入燕国历史范围。

10月　　　　　李向东、郭大顺应台湾省花莲县两岸少数民族玉石文化促进会邀请，参加台湾花东地区玉石艺术季玉石文化学术研讨会。

10月至12月　　　李霞等发掘大石桥市金牛山 C 点旧石器时代遗址。发掘面积 45 平方米。出土石器及大量动物骨骼。石器主要原料为脉石英，器形有石核、断块、石片、刮削器等，动物骨骼经过

东大杖子墓地 M40 发掘现场

金牛山遗址 C 点发掘现场

初步鉴定有 17 个种属。此外还发现了肿骨鹿角片及猛犸象牙皮，在部分骨骼上还有砍砸、刻划等痕迹。

11月　　　　　　　冯雷赴肯尼亚参加肯尼亚沿海地区水下考古调查工作。

11月至12月　　　李新全应日本九州大学宫本一夫邀请，赴日本参加学术研讨会。

2012 年

3月至5月　　　　辽宁省文物考古研究所发掘铁岭市开原团山遗址。

4月　　　　　　吉林大学边疆考古研究中心、辽宁省文物考古研究所联合启动"中国东北地区农业与定居的起源"区域考古调查工作。

　　　　　　　李新全、万欣、白宝玉、郭明赴韩国蔚山文化财研究院参加学术交流会议，并参加学术讲演。

李新全等赴蔚山文化财研究院学术交流合影

　　　　　　　李向东、李龙彬赴韩国蔚山文化财研究院参加关于韩国文化遗产保护与利用课题会议。

4月至7月　　　　李龙彬、李海波等发掘辽阳市太子河区苗圃汉魏墓地。清理墓葬68座。出土陶器、石器、金属器等遗物2000余件。

5月至8月　　　　沈阳市文物考古研究所发掘沈阳市汗王宫清代遗址。

5月至10月　　　　　万雄飞等调查北镇市医巫闾山辽代重要遗迹。对琉璃寺、坝墙子、琉璃寺西山等遗址点进行测绘。此次调查为确定辽代显、乾二陵的位置提供了新资料。

6月至11月　　　　　白宝玉、褚金刚等发掘锦州市金宝岭西大砬子青铜时代遗址。发掘面积约1000平方米。发现灰坑58个、房址1座。出土陶、石器等遗物200余件，发现典型的夏家店下层文化的鼓腹鬲、无腰隔甗、尊、深腹罐等，可确定该遗址为一处夏家店下层文化时期的居住址。

西大砬子遗址发掘区全景

6月至12月　　　　　樊圣英等发掘大连市甘井子区拉树房大王山青铜时代遗址。清理房址30余座和数道大型石墙。遗物主要以陶器和石器为主，完整可复原的遗物达500多件。从发现的遗迹和遗物分析，该遗址的文化内涵与大连地区已发现的双坨子文化相

大王山遗址发掘现场

同,且以双坨子三期文化为主。

7月　　　　　　　　沈阳市文物考古研究所发掘沈阳市豫亲王府遗址。该遗址是清盛京城经正式发掘的唯一一座清代王府。现存的砖石铺砌甬道、方形影壁广场和石砌台阶等是清代晚期同等级建筑中的代表,有很高的鉴赏和历史价值。

7月至8月　　　　　冯雷应国际氮氧混合潜水及技术潜水员协会邀请,赴美国进行水下考古学术交流,参加洞穴潜水员培训及发展课程。

7月至10月　　　　　辽宁省文物考古研究所、中国科学院古脊椎动物与古人类研究所、本溪市博物馆联合发掘本溪满族自治县庙后山旧石器时代遗址。发掘面积20平方米。揭露9层地层堆积,发现石制品及动物骨骼等大量遗物。

　　　　　　　　　　苏鹏力等发掘灯塔市燕州城城址。发掘面积1000平方米。发现马道、涵洞、房址、墓葬等遗迹。

庙后山遗址发掘现场

台山遗址远眺

7月至12月　　白宝玉、徐政等发掘凌海市台山青铜时代至辽金时期遗址。发掘面积1900平方米。发现有青铜时代至辽金时期遗存。台山遗址应该为一座青铜时代城址，城内遗迹丰富，房址分布较为密集，仓、窖、台等附属设施比较完备，是目前小凌河流域青铜时代遗址发掘规模较大的一处城址，为进一步研究小凌河流域的早期文化内涵及城址布局提供了新材料。

8月至9月   国家文物局水下文化遗产保护中心、辽宁省文物考古研究所联合对丹东市大鹿岛海域水下文化遗存进行调查。

8月至11月   沈阳市文物考古研究所、吉林大学边疆考古研究中心联合发掘沈阳农业大学后山旧石器时代遗址。发掘面积49平方米。发现了大量的打制石器。本次发掘系首次在沈阳地区进行的旧石器发掘，发现的石器填补了沈阳地区以往没有确切层位旧石器的空白，其文化层年代包含了旧石器时代早、中、晚三期，在沈阳地区乃至东北地区的露天遗址中尚属首次发现。

9月至10月   司伟伟等发掘鞍山市高新区调军台汉墓。发掘墓葬19座、窑址1座。随葬品以陶器为主，另有少量的铁器、铜器、绿松石等。墓地年代为西汉中期到东汉中晚期。

9月至11月   李树义等发掘沈阳市沈北新区郝心台青铜时代遗址。发掘面积1800平方米。发掘房址5座、墓葬6座、灰坑8个、灰沟7条。

郝心台遗址发掘区

9月至12月 华玉冰、徐韶钢、高振海发掘建昌县东大杖子战国墓群。清理土坑木椁墓葬1座。

10月 李新全、万雄飞赴日本参加奈良文化财研究所创立十周年纪念庆典并进行学术交流。双方就辽西地区东晋十六国时期都城文化研究项目进行深入研讨并交换意见。

11月 李向东、朱达赴美国匹兹堡大学进行学术访问。

冯雷赴肯尼亚参加2012年度肯尼亚拉穆群岛地区水下考古调查工作。

12月 由辽宁省文物考古研究所承办的红山文化学术研讨会在沈阳市召开。

华玉冰赴肯尼亚拉穆群岛地区进行学术交流。

图一八〇　红山文化学术研讨会

2013 年

3月   吉林大学边疆考古研究中心、辽宁省文物考古研究所联合开展本年度"中国东北地区农业与定居的起源"区域考古调查工作。

4月   李树义、赵晓刚等发掘沈阳市百鸟公园商周至汉代遗址。发掘面积 100 平方米。清理房址 1 座、灰坑 10 个。发现新乐上层文化及战国至汉代遗存堆积。

       吴炎亮、华玉冰、孙立学、陈兴业赴韩国蔚山文化财研究院进行学术演讲和业务交流。吴炎亮、华玉冰、孙立学分别作了题为《明辽东镇长城发现与研究》《东大杖子战国墓地发掘与研究》《文化遗产保护与实践》的学术演讲。

4月至5月   刘明等发掘沈阳市青桩子汉魏墓群。发掘砖室墓和瓮棺墓 13 座。

5月至8月   沈阳市文物考古研究所、吉林大学边疆考古研究中心联合发掘沈阳农业大学后山旧石器时代遗址。发掘面积 67 平方米。发现 1 组具有人工建筑特点的遗迹。出土打制石器 620 余件，遗址光释光测年结果为距今 11 万至 1.5 万年。发掘出的多层位旧石器文化层及具有人工建筑特点的遗迹在沈阳地区乃至东北地区的露天遗址中尚属首次，进一步证实了该遗址属于原地连续埋藏的旧石器时代遗址，对于认识中更新世至晚更新世时期沈阳乃至东北亚地区古人类的迁徙、融合，旧石器文化的交流与演变，现代人的起源与发展等重大学术课题有着十分重要

沈阳农业大学后山遗址发掘现场

的意义。

5月至11月 　　　刘明等对沈阳市上伯官地区城址开展调查与试掘工作。

6月 　　　李海波、薛英勋等发掘兴城市三道沟满族乡凉水泉村二道河子后山遗址。

　　　李树义、赵晓刚等发掘沈阳市郭七青铜时代遗址。发掘面积150平方米。发现新乐上层文化时期灰坑9个，灰沟2条。出土了陶鬲、鼎、甗、壶等器物。

　　　万雄飞、司伟伟等对北镇市医巫闾山辽代重要遗迹开展考古调查工作。在三道沟内发现偏坡寺、骆驼峰、新立建筑址、瞭望台、石板道5处重要遗址。这些高等级建筑遗址和高规格建筑构件的发现，进一步明确了医巫闾山辽代帝陵的范围。

6月至11月 　　　苏鹏力、于怀石等发掘灯塔市燕州城山城。发掘面积2000平方米。发现房址、灰坑、墓葬、大型建筑址等遗迹。出土陶器、瓷器、铁器、铜器、骨器等遗物。其中大型建筑址为明清时期石城凤安保国寺址。

7月至9月 　　辽宁省文物考古研究所、大连市文物考古研究所联合发掘大连市金州区大魏家镇王宝山青铜时代墓地。发掘积石冢7座。确认王宝山积石冢是围绕中心台修建起来的，一般由几座有相对早晚关系的平台组成。同一座积石冢里的埋葬方式不同，土葬、火葬并存，细分又包含一、二次葬，单人、双人、多人葬等。随葬器物以陶器为主，还有石器、玉器、贝器、骨器、牙器等。陶器以夹砂褐陶为主，有少量黑陶和蛋壳陶。鲜有完整器，以陶片为多，多分散出土于墓室的不同位置。从出土遗物看，既有山东龙山文化器物，也有土著文化器物。该墓地的发掘对于探讨这一时期古代文化交流、社会组织结构和文化属性等，都具有重要意义。

王宝山墓地全景

7月至11月 　　梁振晶、肖新琦等发掘辽阳市江官屯窑址。发掘面积300平方米。清理窑炉10座、灰坑6个、房址残迹1座。出土了大量窑具及日常生活用具、生产工具、玩具、建筑构件等遗物。该窑址的发掘填补了中国陶瓷史关于江官屯窑口的记载空白，丰富了辽金陶瓷史的文化内涵。遗址中不同时期窑炉的叠压和后期修整利用现象对了解江官屯

江官屯窑址发掘现场

窑址窑炉结构及装烧方式的变化具有重要意义。窑址出土的瓷器为确定江官屯窑址瓷器制作工艺的特征、窑址的使用时间以及同时期墓葬等出土瓷器的来源提供了线索。

8月至9月　　　　李海波、苏军强发掘兴城市二道河子东山洼辽金遗址。发掘面积500平方米。发现房址、灰坑等遗迹现象。出土布纹瓦和陶瓷器残片。这一地区在辽代属中京道潭州，金代属北京路宗州，是经济发达生活富庶之地。该遗址的发掘为进一步研究该地区辽金时期历史文化面貌提供了新的材料。

8月至10月　　　　白宝玉、徐政等发掘鞍山市羊草庄汉代墓地。发掘墓葬78座。此次发掘是自沙河墓地发掘之后鞍山地区第一次大规模的考古发掘工作，弥补了鞍山地区汉墓研究资料匮乏现状。墓地中发现的具有少数民族文化因素的遗存，为研究汉代东北地区民族史提供了新资料。

11月　　　　国家文物局水下文化遗产保护中心、辽宁省文物考古研究所联合开展"丹东一号"水下考古调查工作。

12月　　　　李霞等发掘本溪满族自治县庙后山旧石器时代遗址。

羊草庄墓地发掘全景

2014 年

3月至9月
　　白宝玉、徐政等发掘丹东市振安区江沿台堡明代城址。发掘面积约 18800 平方米。初步弄清了城址的结构布局。城内发现有衙署 1 处、关帝庙 1 处、小型房址 28 座、灰坑 8 个、窖穴 1 处、道路 1 条、水井 1 眼。出土了大量的建筑构件和生活用品。该城址的发掘，为研究辽东镇长城沿线其他堡城的布局、城防体系等提供了可以借鉴的材料，对于进一步探讨辽东地区明代小型堡城的营建特色、防御层次的调整以及明朝中晚期的东北边疆政策都有推动作用。

4月
　　吉林大学边疆考古研究中心、辽宁省文物考古研究所联合开展本年度"中国东北地区农业与定居的起源"区域考古调查工作。

江沿台堡遗址

林栋、赵晓刚等发掘康平县大付家窝堡辽墓。清理砖筑单室墓 1 座。

李新全、万雄飞、熊增珑一行 3 人赴韩国进行学术演讲和业务交流。

4月至11月　梁振晶等发掘辽阳市江官屯窑址。发掘面积 400 余平方米。清理瓷窑址 1 座、灰坑 70 余个、房址 2 座、作坊址 3 座。发掘出土百万计的瓷片，遴选出窑具、日常生活用具、生产工具、玩具、建筑构件等文物标本 3000 余件。此次发掘的遗迹遗物丰富了中国陶瓷史辽金阶段的文化内涵。

江官屯窑址发掘现场

5月　白宝玉等勘探辽阳市苗圃墓地。勘探面积约 42000 平方米。总计探出汉魏时期各类墓葬 77 座。

5月至6月　樊圣英等发掘西丰县诚信村墓地。清理石棺墓 1 座。

5月至8月　沈阳市文物考古研究所、吉林大学边疆考古研究中心联合发掘沈阳农业大学后山旧石器时代遗址。发掘面积 100 平方

农业大学后山遗址发掘现场

米。发现了 6 个连续分布的旧石器文化层，并出土了刮削器、尖刃器、石核、石片、断块等打制石器 230 余件。光释光测年、沉积学检测分析确定其年代距今约 2 万—11 万年。这一发现将沈阳地区有人类活动的历史提前至距今 11 万年左右。

5月至9月　　白宝玉、李海波等发掘辽阳苗圃汉魏时期墓地。共发掘墓葬 92 座（包含壁画墓 3 座、纪年墓 1 座）。墓地出现的石刻文字有明确纪年，可为今后辽阳地区的魏晋墓葬分期断代提供可靠依据。大面积的墓葬发掘，对于研究辽阳地区两汉魏晋时期居民的族属、社会经济、生产生活方式、葬式葬俗都有重大意义。

　　徐韶钢、高振海等发掘建昌县杜梨树汉代遗址。发掘面积 220 平方米。清理半地穴式方形粮仓建筑 1 处。从出土遗物推断应废弃于两汉之际。该遗址是东北地区已发现的同时期最大的粮仓遗迹，并且很有可能是一个建筑群的一部分，同一地点在北朝时期被再次使用。但是现代的大规模建筑取土等行为已经将遗址的很大一部分破坏，已经无法探知其原貌。

7月至10月	李树义、赵晓刚等发掘沈阳市新乐新石器时代遗址。发掘面积200平方米。发掘新乐下层文化时期的房址3座、灰坑1个和新乐上层文化时期的房址1座、灰坑4个和灰沟1条。此次发掘补充了新乐遗址新石器时期聚落布局的材料，并丰富了新乐遗址新乐上层文化时期的文化内涵。
8月	由辽宁省文物考古研究所、故宫博物院、吉林大学边疆考古研究中心联合主办的"张忠培先生学术思想研讨会"在姜女石考古工作站召开。
8月至9月	中国人民大学历史学院、辽宁省文物考古研究所合作发掘喀喇沁左翼蒙古族自治县土城子青铜时代遗址。发掘面积800平方米。清理了房址、祭祀坑、窖穴、窑址和灰坑等遗迹。出土了陶器、石器、骨器等大量文物。
8月至10月	国家文物局水下文化遗产保护中心、辽宁省文物考古研究所联合开展"丹东一号"水下考古调查工作。
9月至11月	樊圣英等发掘朝阳市半拉山红山文化积石冢墓地。初步确认了积石冢的平面形状和结构特征。

半拉山墓地全景

10月至11月　　　李霞、惠忠元发掘葫芦岛市兴城市三道沟乡庙后山古庙遗址。

沈阳市文物考古研究所林栋、付永平等发掘辽中县偏堡子村汉魏墓群。清理墓葬 2 座。本次发掘为辽中地区近年来首次对汉魏时期墓葬开展的考古发掘工作。通过发掘了解了辽中地区汉魏时期墓葬的形制与结构，为研究偏堡子汉魏墓群的分布与时代，以及该墓群与偏堡子城址的关系等问题提供了翔实的资料。

苏军强等发掘阜新市细河区八家子金元时期遗址。发掘面积近 1200 平方米。清理房址 5 座、灰坑 12 个。出土陶器、瓷器、铁器等遗物近 150 件。

10月至12月　　　褚金刚等发掘阜新蒙古族自治县高林台汉代遗址。发掘面积 325 平方米。此次发掘虽位于高林台城址外侧，但遗址的内涵应与城内基本相同。以往对高林台城址的认识均是调查材料，本次发掘为研究城址的年代提供了科学的实物资料。

12月　　　吴炎亮、肖俊涛、李霞、高振海赴日本奈良文化财研究所进行学术交流。

高林台城址

2015 年

3月至6月　　　　徐政等发掘朝阳市上河首南地青铜时代遗址。

4月至10月　　　　国家文物局水下文化遗产保护中心、辽宁省文物考古研究
　　　　　　　　所联合开展"丹东一号"水下考古调查工作。此次调查为中国
　　　　　　　　近代史、甲午海战史和世界舰船技术史的研究提供了十分珍贵
　　　　　　　　的实物资料，也为多种物探设备、三维摄影拼接技术在水下考
　　　　　　　　古中的综合运用积累丰富经验，并有助于推进我国领海范围内
　　　　　　　　近代钢铁沉舰的文物保护工作。

　　　　　　　　樊圣英等发掘朝阳市半拉山红山文化墓地。发掘面积
　　　　　　　　1450 平方米。清理各类型墓葬 54 座、祭祀坑 7 座、祭坛 1 座。
　　　　　　　　出土陶器、石器和玉器 200 余件。该墓地是近年来发掘的一处
　　　　　　　　重要的红山文化积石冢，为研究红山文化分布、墓葬特点以及
　　　　　　　　积石冢的营建等提供了重要资料。

"丹东一号"水下考古工作船

半拉山墓地出土的玦形龙

梁振晶、肖新琦等发掘辽阳市江官屯辽代窑址。发掘面积 800 平方米。清理灰坑 141 个、沟 5 个、房址 5 座、作坊 2 座、高台建筑基址 1 座。整理修复瓷器等标本数千件。出土有碗、盘、盆、罐、盏、坛、匣、炉等生活用具及一些生产工具。

4月至11月　白宝玉、李海波等发掘辽阳苗圃汉魏墓地。清理墓葬 141 座。

司伟伟等发掘北镇市洪家街辽代墓地。清理发掘墓葬 2 座。出土耶律弘礼墓志。根据洪家街墓地所在位置、发掘墓葬的形制、随葬品和墓志分析，此墓地应为一处辽代中晚期墓地，属医巫闾山辽代帝陵的陪葬墓地之一。

褚金刚等发掘阜新蒙古族自治县高林台城址。发掘面积 1321 平方米。初步认识到高林台城址内包含有战国、汉、唐三个时期的遗存，但其城防体系始成于汉代。城内唐代遗存的发现扩大了此类遗存在辽宁地区的分布范围，为研究唐代的历史和文化提供了重要的考古学资料。

4月至12月　中国社会科学院考古研究所、辽宁省文物考古研究所联合

高林台城址发掘区

发掘盖州市高丽城山城。发掘面积 800 平方米。对金殿山遗址进行发掘，对二号建筑址和四号门址进行试掘，初步了解了山城的形制和年代。

5月　　　　　　高振海等发掘北镇市大市镇边堡城址的北城墙、东北角台、西北角台及马道。

吴炎亮、李海波、柏艺萌、徐政、司伟伟、图旭刚赴韩国蔚山文化财研究院参加了第 23 回邀请演讲会并进行了学术交流。柏艺萌、李海波、徐政分作了题为《东大杖子战国墓地出土铜器的保护与初步分析》《2014 年辽阳苗圃墓地一座纪年墓的研究》《江沿台堡城址的考古新收获》的学术演讲。

5月至12月　　　万雄飞、苏军强等发掘北镇市新立辽代建筑遗址。

6月　　　　　　吉林大学边疆考古研究中心、辽宁省文物考古研究所联合开展本年度"中国东北地区农业与定居的起源"区域考古调查工作。

"中国东北地区农业与定居的起源"考古调查

8月至9月　　中国人民大学历史学院、辽宁省文物考古研究所联合发掘喀喇沁左翼蒙古族自治县土城子青铜时代遗址。发掘面积1600平方米。清理的房址、灰坑等遗迹，出土的陶器、石器、骨器等遗物对大凌河流域古代聚落城址的研究具有重要学术意义，对解决大凌河流域青铜器窖藏、魏营子文化等问题方面具有极高参考价值。

8月至10月　　辽宁大学考古学系、辽宁省文物考古研究所联合发掘西丰县河边青铜时代遗址。发掘面积500平方米。清理灰沟2条。出土遗物以陶器为主，还见有少量石器和铁器。

11至12月　　李霞等发掘本溪满族自治县庙后山旧石器时代遗址。

本年　　辽宁省文物考古研究所、吉林大学边疆考古研究中心、以色列希伯来大学联合试掘阜新蒙古族自治县他尺西沟新石器时代遗址。

　　徐政、冯雷等开展辽宁地区明清时期海防遗址调查。

他尺西沟遗址试掘现场

2016 年

3月　　　　　　　胡柏、王宇、齐军、辛宏伟赴日本奈良文化财研究所进行
例行学术访问和业务交流。

4月至12月　　　　中国社会科学院考古研究所、辽宁省文物考古研究院联合
发掘盖州市青石岭山城。发掘面积 2000 平方米。初步弄清了
二号建筑址、四号门址北墩台的年代和形制。

5月　　　　　　　辽宁省文物考古研究所、中国人民大学、美国匹兹堡大学及
夏威夷大学联合启动"红山文化分区与分期"研究项目。

李新全、徐韶钢、
肖新琦、褚金刚一行四
人赴韩国蔚山文化财研
究院进行学术演讲和业
务交流，分别作了题为
《永陵南城址的发现与
研究》《建昌东大杖子
战国墓地出土的铜镞研
究及 M40 出 土 石 饰 件
研究》《江官屯窑址的

中美合作野外调查

发现与研究》《辽宁地区发现的钵口弦纹壶研究》的学术讲演。

5月至11月　　　苏鹏力、于怀石等发掘灯塔市燕州城城址。发掘总面积约
2500 平方米。清理房址、灰坑、建筑址、道路等遗迹。出土

陶器、瓷器、铁器、骨器、铜钱币等遗物。

　　司伟伟等发掘北镇市洪家街辽代墓地。清理砖室墓 1 座。出土陶瓷器、木器、金属器、玉石器及墓志等。根据墓志铭文记载：该墓的埋葬年代为"咸雍九年"，"咸雍"是辽道宗耶律洪基的第二个年号，"咸雍九年"即 1073 年。志文称墓主人为"太师"，虽未直接写明墓主人姓名，但是根据墓志志文并结合《永清公主墓志》《辽史》等资料可知，墓主人应为"耶律弘仁"。

洪家街墓地全景

6月至7月　　　　苏军强等发掘彰武县石岭子金代遗址。发掘面积 500 平方米。清理房址 7 座、灰坑 3 个、灰沟 2 条、室外灶 1 座。出土陶器、瓷器、铁器、铜器、骨器等遗物。该遗址应是一处金代普通平民居住址，其发掘为研究彰武地区金代历史文化提供了宝贵材料。

6月至8月　　　　辽宁大学考古学系、辽宁省文物考古研究所合作发掘西丰县房木镇河边青铜时代遗址。发掘面积 300 平方米。清理灰沟 4 条、灰坑 1 个。出土大量遗物。该遗址的发掘明晰了凉泉类型遗存多分布于丘陵顶部并且周边有环沟的分布及结构特点，为探讨辽北地区战国至西汉时期的考古学文化面貌提供了重要资料与线索。

6月至9月　　　朝阳市龙城区博物馆清理了七道泉子镇水泉村辽代墓地。清理墓葬 13 座。出土三方墓志，分别为道宗寿昌五年（1099）的刘知新墓志、大安三年（1087）的刘知微墓志、寿昌三年（1097）的刘知古墓志。通过墓志始知这是一处辽代晚期刘氏的家族墓地。

6月至10月　　　徐政、冯雷等开展辽宁地区明清时期海防遗址调查。发现各类海防遗址 104 处，其中明代 32 处、清代 72 处。

7月至11月　　　褚金刚等发掘阜新蒙古族自治县高林台城址。发掘面积约800 平方米。发现门址 1 处、马面 1 座、南城墙以及灰坑 24 个、灰沟 4 条、墓葬 1 座、祭祀坑 1 个。出土各类陶器、瓦器、铜器、铁器、骨器、铜钱等计百余件。此次发掘，清理确认了南城门为靠夯土墙及排叉柱支撑的大过梁式建筑形式。这是东北地区目前发现最早、保存最好的土木结构的城门建筑形式实例。

8月至10月　　辽宁大学考古学系、辽宁省文物考古研究所合作发掘西丰县金星乡城山新石器时代至隋唐时期遗址。发掘土筑墙体 1 段、灰沟 1 条、灰坑 31 个等遗迹。此次发掘不仅在辽北地区发现了凉泉类型遗存，而且还发现了与该文化类型在年代上早晚相承的多种不同文化遗存，对促进凉泉类型的内涵及渊源的深入研究具有重要意义，同时也填补了区域内考古学文化时空框架的空白。

　　中国人民大学、辽宁省文物考古研究所合作发掘喀喇沁左翼蒙古族自治县土城子青铜时代遗址。发掘面积为 900 平方米。清理房址 8 座、窑址 1 座、石筑窖穴 1 座、灰坑近 200 个。出土了陶器、石器和骨器等大量遗物。

　　苏军强等发掘彰武县前皋皋青铜时代遗址。发掘面积 1300 平方米，揭露出房址 3 座、灰坑 11 个。出土陶器、石器等文物标本近百件。发现的遗存为研究该地区高台山文化及凉泉类型提供了实物资料，也为填补该地区早期文化谱系提供了重要资料。

9月　　　　吴炎亮、熊增珑赴美国匹兹堡大学进行学术交流。分别作

了题为《辽宁红山文化研究现状》《红山文化墓葬特点——以半拉山墓地为例》的学术讲演。

11月至12月　　　肖新琦等发掘桓仁满族自治县小北旺战国至两汉墓群。

本年　　　　　李树义等发掘沈阳市北崴子青铜时代遗址。发掘面积1000平方米。

2017 年

1月   半拉山红山文化墓地成功入选"2016 年中国考古新发现"，这是辽宁省独立主持的考古项目首次获评该奖项。

3月   吴炎亮、万雄飞赴以色列希伯来大学进行学术交流。

3月至11月   于怀石等开展大凌河中上游地区红山文化遗存调查。调查范围主要包括大凌河南源流域、大凌河西支流域和第二牤牛河流域。共发现先秦时期遗址 410 余处、兴隆洼文化遗址 10 处、红山文化遗址和墓地共 140 余处。本年度发现的红山文化遗址和墓地无论在数量上还是在面积上较去年都有极大的突破，为认识红山文化居住址和埋葬、祭祀遗址之间的关系，以及红山文化的社会结构、社会形态等方面的研究提供了新材料。

红山文化野外调查现场

4月至12月	肖新琦等发掘桓仁满族自治县小北旺战国至两汉墓群。发掘积石墓 12 座。
	中国社会科学院考古研究所、辽宁省文物考古研究所合作发掘盖州市青石岭山城。发掘面积 1000 平方米。清理四号门址南墩台及门道，初步确定了四号门址的年代和形制。

5月　　　　辽宁省文物考古研究所、中国人民大学、美国匹兹堡大学及夏威夷大学联合实施"红山文化分区与分期"研究项目。

"红山文化分区与分期"项目组成员
观察采集标本

胡柏、梁振晶、司伟伟、于怀石、赵代盈、王贺赴韩国蔚山文化财研究院参加"第 25 回邀请演讲会——中国考古学特讲XI"学术交流会。胡柏、梁振晶、司伟伟、于怀石分别作了题为《辽宁文化遗产概述》《辽阳壁画墓艺术成因及相关研究》《辽代帝陵在中国帝陵制度发展中的地位及影响》《辽东南地区新石器时代生业方式初步研究》的学术讲演。

5月至6月　　中国社会科学院考古研究所、辽宁省文物考古研究所合作发掘建平县牛河梁遗址第一地点 2 号建筑址。发现了边界清晰、东西对称的两组石构遗迹，东侧一边可见相对规整的东、南侧墙体和护坡堆石，进一步确认"西山台"是包括东、西分布的两个山台。

5月至9月　　司伟伟等发掘北镇市洪家街辽代墓地。清理凿岩为穴的多室砖墓 1 座。出土器物有陶瓷器、金属器、玉石器及墓志等。根据墓志铭文记载墓主人为韩德让，埋葬年代为"统和二十九年"（1011）。由此可知，洪家街墓地为辽国大丞相韩德让及其继承人的家族墓地。

韩德让墓全景

5月至10月 万雄飞、苏军强等发掘北镇市新立辽代建筑遗址。揭露出由北部主殿、南部殿门和四周附属的廊庑组成的一组封闭的建筑院落，其内外还有相应的排水系统。根据建筑的形制、布局、规模以及出土的高等级建筑构件分析，该建筑遗址应为医巫闾山辽代帝陵区内的一处重要陵前祭祀建筑。

新立建筑遗址西部排水道

徐政等发掘北镇市琉璃寺辽代建筑址。

5月至11月　　　褚金刚等发掘阜新蒙古族自治县高林台城址。发掘面积约850平方米。发现建筑址1处、水井1口、灰坑124个、灰沟8条。出土各类陶器、瓷器、铜器、铁器、骨器、铜钱等计500余件。首次在城址内发现大量的战国时期的遗迹和遗物、汉代时期的大型夯土墙体建筑以及三燕时期文化遗存，为了解和研究高林台城址内高等级建筑的形式和城址的历史沿革提供了重要的实物资料。

6月至7月　　　李龙彬、徐政、苏军强、谷丽芬赴日本奈良文化财研究所进行学术访问和业务交流。李龙彬、徐政、苏军强分别作了题为《辽阳河东新城壁画墓及其相关问题》《辽宁地区战国秦汉时期瓮棺葬的初步研究》《辽代帝陵的考古发现与研究》的学术演讲。

6月至11月　　　李新全等发掘灯塔市燕州城山城。

　　　辽宁大学考古系、辽宁省文物考古研究所合作发掘阜新蒙古族自治县他尺西沟新石器时代遗址。发掘面积1008平方米。清理房址12座、灰沟2条。出土了大量的陶器、石器等遗物。通过发掘确认了他尺西沟遗址为一处单纯的兴隆洼文化聚落。

8月至10月　　　于怀石等发掘凌源市下台子新石器时代遗址。发掘面积600平方米。清理灰坑、灶址等遗迹。出土了极为丰富的细石器。由此推测发掘区可能为下台子遗址的细石器加工场。

下台子遗址出土
细石核

中国人民大学考古文博系、辽宁省文物考古研究所合作发掘喀喇沁左翼蒙古族自治县土城子青铜时代遗址。发掘总面积875平方米。清理灰坑175个、房址1座、灶5个、灰沟4条。出土陶器、石器、骨器、青铜器等遗物，年代可分为夏家店下层文化和东周时期两大阶段，以东周时期为主。该遗址文化面貌既有典型的辽西土著文化因素，又明显受到燕文化或中原文化的影响，呈现出多元化特点。此次发掘为辽西地区夏家店上层文化之后考古学文化面貌和谱系研究提供了一批重要材料。

8月至12月　　中国社会科学院考古研究所、辽宁省文物考古研究所合作发掘大连市甘井子区营城子街道后牧村鞍子山积石冢和遗址。

9月至12月　　司伟伟等发掘北镇市小河北辽代墓地。发掘墓葬2座。出土器物有陶瓷器、金属器、玻璃器、石器及墓志残块等。根据墓葬形制和出土器物可知，该墓地应为一处较高等级的贵族墓地，年代为辽代中晚期。其中一座墓内开凿了完备的排水系统，并在排水沟内填充大量石球，在辽墓发掘中尚属首次。

11月至12月　　徐政、冯雷开展大连市普兰店区明清时期海防遗址的调查工作。

本年　　李树义等发掘新民市北崴青铜时代遗址。发掘面积1000平方米。

小河北墓地一号墓

2018 年

3月至11月　　辽宁大学考古学系、辽宁省文物考古研究所合作发掘阜新蒙古族自治县他尺西沟新石器时代遗址。发掘面积 500 平方米。清理房址 10 座、灰坑 7 个、壕沟 2 条、墓葬 1 座。

　　于怀石等开展大凌河中上游地区红山文化遗存调查。调查面积约 3800 平方米。完成了建平县北部地区、凌源市北部地区的调查工作。调查发现先秦时期遗址 360 余处，其中红山文化遗址和墓地共 210 余处。此次调查为进一步认识和研究红山文化遗存分布规律、聚落布局以及红山文化的社会结构、社会形态等方面提供了新材料。

红山文化野外调查工作现场

4月至11月　　司伟伟等发掘北镇市小河北辽代墓地。M3 墓志铭文记载：该墓的埋葬年代为"重熙戊子年"（1048），墓主人为辽国契丹贵族耶律隆裕的第二个孙子至至乌独剌。结合该墓地的地理位置可知，小河北墓地为耶律隆裕的家族墓地。墓地的发掘为研究辽代丧葬制度、地域文化以及草原丝绸之路上的文化交流提供了重要的实物资料。

褚金刚等开展高句丽与渤海时期遗迹调查。调查区域为桓仁满族自治县，共涉及城址 6 座、墓葬 139 处、遗址和关隘 13 处。本次调查在确认了桓仁满族自治县高句丽、渤海遗迹数量的基础上，对遗迹的现存情况进行

高句丽与渤海时期遗迹调查队员现场交流

了全面和翔实的记录，并对所有城址进行了航模测绘和平面图绘制，为今后的考古发掘和文物保护工作奠定了基础。

4月至12月　　中国社会科学院考古研究所、辽宁省文物考古研究所合作发掘盖州市青石岭山城。试掘一号蓄水池及其东南侧遗址，发掘面积 800 平方米。初步确定了一号蓄水池的形制和年代以及一号蓄水池东南侧遗址的年代。

5月　　李新全、李霞、王宇、徐政、柏艺萌、王毅赴韩国蔚山文化财研究院参加《第26回邀请演讲会——中国考古学特讲XII》的邀请演讲会，并进行有关学术交流。李新全、李霞、王宇、徐政分别作了题为《辽东地区

李新全等赴韩学术交流现场

战国晚期——汉初陶器辨析》《辽宁东部地区旧石器考古发现与研究》《鲜卑耳饰研究》《辽东地区汉代瓮棺葬研究》的学术讲演。

5月至10月

中国社会科学院考古研究所、辽宁省文物考古研究所合作发掘建平县牛河梁遗址第一地点2号建筑址。发掘了2号台址南部，发现堆石遗迹3座、建筑址2座、石墙1道。初步确认N1J2是一处由多层砌石台面和建筑构成的规模庞大、结构复杂遗迹。此次发掘为确定第一地点的结构、性质和功能提供了新的材料，对探讨牛河梁遗址红山文化晚期社会的文明特征具有重要的意义。

薛英勋、吴亚成等发掘桓仁满族自治县王义沟遗址。发掘面积1050平方米。发现房址5座、灰坑2个、灰沟3条、墓葬1座、台基1处。根据出土遗物初定该遗址时代应该在西汉早期。

5月至11月

万雄飞、苏军强等发掘北镇市新立辽代遗址。揭露出一组相对较完整的建筑址。出土了大量的琉璃质通脊砖、铺地花斑石等。该基址是迄今发现的中国古代木构建筑中最早的满铺琉璃瓦顶实例，为古建筑学研究提供了不可多得的实物标本，同时也为研究辽代陵寝建筑制度提供了新资料。

徐政等发掘北镇琉璃寺辽代遗址。发掘面积近 800 平方米。清理辽代高等级的复合勾栏台基基址 1 座。出土大量棕红色琉璃质、绿琉璃质、三彩质灰陶质建筑构件及石华板、石螭首和石狮首等大量石构件。此次发掘为辽代官式建筑、丧葬制度、对外交流及手工业发展等多方面的研究提供了宝贵资料，也填补了辽代帝陵由早期向中期过渡阶段陵寝制度研究的空白，对我国古代陵寝制度的研究也有重要意义。

6月   吴炎亮、卢治萍、郑宇、赵代盈赴日本奈良文化财研究所进行学术交流。吴炎亮和卢治萍分别作了题为《半拉山积石冢相关问题》《冯素弗墓发现研究新进展》的学术演讲。

6月至9月   李树义等发掘新民市北崴青铜时代遗址。发掘面积 300 平方米。发掘红烧土堆积 1 处、灰坑 9 个、灰沟 1 条。出土了鼎、甗、壶、碗等陶器，石刀、石斧、磨石等石器。

林栋、付永平等发掘康平县西扎哈气辽金时期遗址。发掘面积300平方米。清理房址2座、灰坑19个、灰沟2条。出土了大量具有金属铸造功能的坩埚、铁器制品、陶钱模，带有明显切割加工痕迹的骨制品废料以及料珠半成品。由此推断遗址的性质应为金属、骨器、石器、料器等原材料加工制作的综合性手工业作坊。

6月至11月

李新全、肖新琦等发掘桓仁满族自治县小荒沟遗址。发掘面积1550平方米。清理房址4座、护坡1道、半圆形建筑1处、灰沟3条。出土陶器、石器和铁器等遗物。遗址的时代应该在战国晚期至秦汉之际。

沈阳市文物考古研究所李树义、赵晓刚等发掘沈阳市沈河区中和里辽金至明清时期遗址。发掘面积500平方米。发现了辽金至民国时期四个阶段的文化遗存。表明此地属于辽金沈州城较为核心的区域。此次发掘为沈阳地区辽金时期考古提供了重要的考古学资料。

小荒沟遗址发掘现场

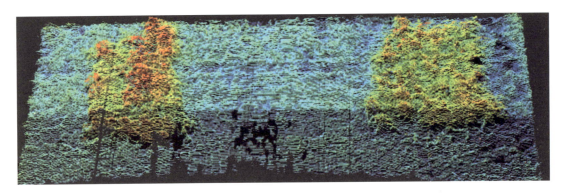

"经远"铭牌三维成像

7月至9月	李树义、刘焕民等发掘沈阳市皇姑区田义辽金时期遗址。

国家文物局水下文化遗产保护中心、辽宁省文物考古研究所、大连市文物考古研究所联合组队，对大连庄河海域沉船点展开专项调查工作。经过调查。确认该沉船点是甲午海战北洋海军沉舰——"经远舰"。

7月至11月	辽宁大学考古学系、辽宁省文物考古研究所合作发掘西丰县城山青铜时代遗址。发掘面积1029平方米。在辽北地区首次发现了凉泉类型的房址。该遗址的发掘辨识出凉泉类型遗存可分为早晚两期，为凉泉类型的内涵和源流探讨提供了重要资料，对东北古代民族研究具有重要意义。

中国人民大学历史学院、辽宁省文物考古研究所联合发掘喀喇沁左翼蒙古族自治县土城子青铜时代遗址。发掘面积1000平方米。发现灰坑178个、房址9座、灶址6个。主体遗存属于东周时期。

10月	吉林大学边疆考古研究中心、辽宁省文物考古研究所联合发掘阜新蒙古族自治县贾家沟西新石器时代遗址。

11月	徐政、冯雷等开展辽宁地区明清时期海防遗址调查。

2019 年

3月至5月　　于怀石等开展大凌河中上游地区红山文化遗存考古调查工作。完成了凌源市南部地区大凌河上游和青龙河流域的考古调查。发现先秦时期遗址 190 余处，其中红山文化遗址 49 处、墓地 8 处。本年度的考古调查丰富了调查区域内红山文化遗存材料，并且为寻找与埋葬祭祀遗址相关的生活遗址提供了线索，为进一步认识凌源地区红山文化遗存特点分布规律以及未来开展聚落考古学研究等工作奠定了基础。

红山文化调查工作照

4月至11月　　中国社会科学院考古研究所、辽宁省文物考古研究院合作发掘建平县牛河梁遗址第一地点 2 号建筑址。发掘面积 1000 平方米。发现第一地点 2 号建筑址的北山台和西山台是由 6 座建筑台基组成。

　　中国社会科学院考古研究所、辽宁省文物考古研究院合作发掘盖州市青石岭山城。发掘面积 1000 平方米。清理了 1 号蓄水池、东北角楼遗址。发现了高句丽的踏碓遗迹、炒钢渣、瓦件等。

5月 　　李龙彬、苏鹏力、司伟伟、于怀石、辛宏伟、齐军赴韩国蔚山文化财研究院参加《第27回邀请演讲会——中国考古学特讲ⅩⅢ》的学术交流。李龙彬、苏鹏力、司伟伟、于怀石分别作了题为《辽宁汉唐时期壁画墓葬研究》《姜女石遗址出土秦代夔纹瓦当再研究》《北镇小河北墓地考古发现与研究》《下台子遗址红山文化遗存发现与研究》的学术讲演。

李龙彬等赴韩学术交流现场

6月至11月 　　李新全、薛英勋等发掘桓仁满族自治县王义沟遗址。发掘面积800平方米。发掘房址1座、灰坑4座、灰沟1条。出土陶器、铁器、石器等遗物100余件。

7月至11月 　　樊圣英等发掘建平县马鞍桥山新石器时代遗址。发掘面积1200平方米。清理房址8座、灰坑24座、灰沟1条。出土陶器、石器、

马鞍桥山遗址房址

骨器等遗物1200余件。初步确认了该遗址是一处以红山文化早期遗存为主体的聚落址，且内涵丰富，时间跨度大。

| 8月至11月 | 辽宁省文物考古研究院、辽宁大学合作发掘阜新他尺西沟新石器时代遗址。发掘面积 539 平方米。清理房址 7 座、灰沟 2 条，出土陶器、石器等文物 1000 余件。 |

李树义等发掘新民市北崴青铜时代遗址。发掘面积 500 平方米。清理灰坑 51 个、灰沟 5 条、墓葬 15 座、瓮棺 3 个。出土了大量的陶器、石器、铁器、铜器、玉器。首次发现的西周至春秋时期的墓葬填补沈阳地区新乐上层文化与郑家洼子类型之间的考古学文化序列缺环。而战国至西汉早期遗存的发现为研究燕、秦及西汉在辽东的治理提供了重要的考古学资料。

| 9月 | 马宝杰、郭明、柏艺萌、褚金刚赴日本奈良文化财研究所进行学术交流。 |

| 10月 | 由辽宁省文物考古研究院承办的红山文化与中华文明起源学术研讨会在沈阳市召开。 |

| 本年 | 徐政、冯雷等开展辽宁地区明清时期海防遗址调查。 |

红山文化与中华文明起源学术研讨会

2020 年

4月至7月　　　　刘明等发掘沈阳市浑南区上马汉代遗址。发现汉代建筑址1处。出土各类文物200余件。该遗址是在战国（燕）、秦、汉辽长城沿线首次发现的高台建筑遗址，也是沈阳市开展考古工作以来出土"千秋万岁"瓦当最多的一处汉代遗址。

4月至10月　　　　辽宁省文物考古研究院对铁岭和营口两市高句丽重要遗迹开展调查。铁岭地区确认高句丽城址7处，排除8处；营口地区确认高句丽城址2处，排除16处。

4月至11月　　　　中国社会科学院考古所、辽宁省文物考古研究院联合发掘建平县牛河梁遗址第一地点2号建筑址。发掘面积1000平方米。在TJ3上发现有燎祭现象，并出土了大型陶缸、器盖、灰陶罐、圆陶片等遗物。

牛河梁遗址第一地点三号台基垫土层燎祭遗迹

4月至12月　　　　中国社会科学院考古所、辽宁省文物考古研究院联合发掘盖州市青石岭山城。发掘面积1000平方米。清理了东北角楼西侧护坡和马道、椅子山墓地一区墓葬。初步确认了东北角楼、椅子山墓地一区墓葬形制结构和年代。

| 5月 | 徐韶钢等发掘鞍山市东台汉墓群。 |

| 6月至10月 | 褚金刚等发掘西丰县城子山山城。发掘面积300平方米。清理1号门址。此次发掘初步判断山城为石城和土城相结合的复合式山城，石城修筑的年代要早于土城。根据1号门址出土遗物和碳-14测年数据，石城的始筑年代在高句丽晚期，并沿用至高句丽灭亡前后。 |

| 6月至11月 | 樊圣英等发掘建平县马鞍桥山新石器时代遗址。发掘面积1100平方米。清理房址3座、灰坑22个、壕沟（环壕）1条。 |

城子山山城

马鞍桥山遗址发掘区全景

8月至11月　　辽宁大学考古学系、辽宁省文物考古研究院联合发掘建平县水泉青铜时代遗址。发掘面积 300 平方米。清理房址 7 座、灰坑 49 个、墓葬 5 座、灰沟 2 条、圆形黄土台 1 处。出土陶器、石器、骨器及少量角、牙、蚌、贝、铜等材质器物。此次发掘明确了水泉遗址土城址外北部先后作为夏家店下层文化的居住区和魏营子类型的墓地使用，对研究城址沿革具有重要意义。

　　李树义、苏哲等发掘新民市北崴青铜时代遗址。发掘面积 500 平方米。发现墓葬 8 座、灰沟 4 条、灰坑 39 个。出土了大量的夹砂陶片、少量石器、青铜器等遗物。此次发掘确定了北崴遗址新乐上层文化时期聚落的西侧边界，补充了上一年度西周至春秋时期的墓葬材料，对完善沈阳地区青铜时代考古学文化序列以及探讨辽河流域同时期考古学文化间的交流与互动具有重要学术价值。

北崴遗址墓葬

9月至11月　　徐政、李海波等发掘阜新蒙古族自治县两家子青铜时代至辽金时期遗址。发掘面积 1085 平方米。发现环壕 1 条、房址 17 座、灰坑 21 个、灰沟 1 条。出土大量的陶器、石器、骨器、金属器等遗物。其中金代遗存是辽宁地区目前发现的布局最为规整的金代居址，部分解决了辽宁地区辽金遗存细化的学术争论，为探讨北方地区金代居址的规划布局、建筑结构及生活方

桃李营子遗址发掘区

式等提供了最有力的证据。

徐韶钢等发掘阜新蒙古族自治县桃李营子辽金时期遗址。发掘面积1000平方米。清理半地穴式房址24座。出土器物数量较多，以瓷器及陶器为主，另有少量的石器、骨器、金属器等。

12月　　　　　　　徐政等开展辽宁省石窟寺（含摩崖造像）专项调查。

石窟寺调查工作照

2021 年

1月至3月   徐政等开展辽宁省石窟寺（含摩崖造像）专项调查。

3月至9月   司伟伟等发掘大连市沙岗子汉代墓地。发掘墓葬 266 座。出土随葬品 2000 余件。对研究大连地区汉魏时期的墓葬形制、丧葬习俗、饮食结构等具有重要意义。

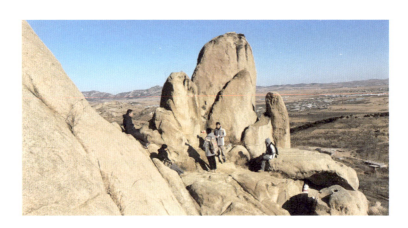

石窟专项调查

沙岗子墓地发掘全景

3月至11月	褚金刚等发掘铁岭市西丰县城子山山城遗址。

4月至5月　　　　　辽宁省文物考古研究院、吉林大学考古学院联合开展朝阳大凌河干流地区旧石器考古调查。发现打制石器地点18处，采集石制品500余件。

4月至11月　　　　李龙彬、王宇等发掘朝阳市木营遗址与墓地。发掘面积2500平方米。发现战国墓葬41座、三燕墓葬72座、出土文物1800余件。

木营遗址与墓地全景

中国社会科学院考古研究所、辽宁省文物考古研究院联合发掘盖州市青石岭山城。发掘面积500平方米。发现农田遗迹。

5月至10月　　　　樊圣英等发掘建平县马鞍桥山遗址。发掘面积1000平方米。发现了大面积的祭祀遗址。

中国社会科学院考古研究所、辽宁省文物考古研究院联合发掘建平县牛河梁遗址。主要发掘第一地点二号建筑址，发现9号台基，女神庙即坐落在9号台基上。

6月至7月　　　　苏军强等发掘沈抚新区人民公园二期工程墓地。发掘三室砖室墓 1 座。墓葬位于下伯官村内，因被盗扰严重，随葬品仅存陶罐 1 件、五铢钱 7 枚。墓葬年代为东汉中晚期。

7月至10月　　　辽宁大学考古学系、辽宁省文物考古研究院联合发掘建平县水泉青铜时代遗址。发掘面积 300 平方米，发现城墙、水坝等遗迹。

　　　　　　　　吉林大学考古学院、辽宁省文物考古研究院联合发掘建平县小黑山青铜时代遗址。发掘面积 500 平方米。发现夏家店下层文化房址、灰坑等遗迹。

8月　　　　　　徐韶钢等发掘朝阳市八里堡墓地。发掘唐代早中期砖室墓 2 座。其中一座墓中出土墓志，记载墓主人为李通，生前被封为师州刺史，朝散大夫。生于贞观十年（637），于乾封元年（666）五月葬于"营州南五里平原"。这两座墓葬的发掘补充了朝阳地区唐墓研究资料。

八里堡唐墓 2 号墓

8月至9月　　　国家文物局考古中心、辽宁省文物考古研究院联合开展丹东海域水下考古调查。对大鹿岛南部 1、2 号区域进行全覆盖物探调查，调查发现沉舰遗址两处，初步判断为扬威舰和超勇舰，确认了超勇舰的准确位置和保存现状。

9月　　　　　苏鹏力等发掘朝阳市双塔区小东山遗址。发现窑址1座、房址1座、墓葬6座。出土大量的瓷陶铜铁质遗物。窑炉为金元时期遗存，属东北地区首次发掘，为研究东北地区古代陶瓷业的发展提供了新资料。

10月　　　　　"纪念牛河梁遗址发现40周年学术研讨会暨首届红山文化牛河梁论坛"在牛河梁遗址博物馆召开。

10月至11月　　　沈阳市考古研究所发掘沈阳市沈北新区乐业街西辽代遗址。

本年　　　　　沈阳市考古研究所发掘沈阳市铁西区马贝青铜时代遗址。

纪念牛河梁遗址发现40周年学术研讨会与会专家合影

2022 年

2月至5月　　　李树义、苏哲等发掘沈阳市沈河区清代盛京城城址。发掘面积 700 平方米。清理福胜门瓮城、德盛门瓮城东侧墙体及北城墙的一部分。揭示了盛京城瓮城的结构建造方式及北城墙的结构，补充了盛京城考古的基础资料。

4月至5月　　　辽宁省文物考古研究院、吉林大学考古学院联合开展阜新地区旧石器考古调查。此次调查共发现打制石器地点近 20 处，采集打制石器 2000 余件。

4月至9月　　　刘明等发掘沈阳市沈北新区乐业街西辽代遗址。发掘房址 3 座、窑址 5 座、灰坑 6 处。

4月至12月　　　中国社会科学院考古研究所、辽宁省文物考古研究院联合发掘盖州市青石岭山城。发掘面积 1000 平方米。在一号蓄水池东南侧发现房址、火坑、超过 90 米的排水渠等遗迹。通过发掘为探索高句丽生业模式及相关研究提供了重要的资料，丰富了青石岭山城的考古内涵，为持续开展发掘工作增添了新的内容。也为研究山城的布局、排水系统和当时的工程技术等问题提供了重要的考古依据。

青石岭山城烧炭痕迹

5月至9月　　林栋等发掘沈阳市沈北新区大辛屯南辽代遗址。发掘面积1000平方米。发现青铜、辽金和清代三个时期的遗存。通过发掘证实了大辛屯地区同属于新乐上层文化的分布范围，并进一步丰富了沈北地区辽代时期高等级建筑遗存和清代早中期墓葬资料。

5月至10月　　褚金刚等发掘西丰县城子山山城。发掘面积800平方米。重点清理了石城内蓄水池、一号拦水坝和戍卒营地。

5月至11月　　于怀石等开展大凌河中游（朝阳）地区红山文化考古调查。共调查先秦时期址90处，包含红山文化生活遗址20处、墓地5处，为更全面认识红山文化遗存的分布与特征补充了材料。

5月至12月　　樊圣英等发掘建平县马鞍桥山新石器时代遗址。发掘面积800平方米。确认了遗址设立的专门祭祀活动区。在其内共发现大型土台1座、灰坑（祭祀坑）13个、燎祭遗迹3处、壕沟（环壕）3条。出土陶器、石器、玉器、骨器、角器和贝器等遗物。祭祀活动功能区的发现与确认，对红山文化祭祀礼仪制度的研究有重要意义。

马鞍桥山遗址2022年发掘区

中国社会科学院考古研究所、辽宁省文物考古研究院联合发掘牛河梁遗址第一地点。

牛河梁遗址第一地点发掘现场

6月至7月　　　徐政等发掘彰武县那力村辽代墓葬。清理土圹单室砖室墓1座。出土随葬品11件。根据墓葬形制和随葬品组合特点分析，墓葬年代为辽代建国前后至辽早期。该墓的发掘丰富了契丹建国前后的墓葬材料，对研究早期契丹丧葬习俗及社会风貌具有重要的学术价值。

6月至11月　　　卢治萍等发掘岫岩满族自治县卧龙山山城。发掘面积1000平方米。清理山城1号门和2号门。出土遗物有八瓣莲花纹瓦当等。发掘表明1号门结构复杂、规模较大，并且至少经过了4次扩建，印证了山城经过长期的营建和使用。两门从砌筑方式到出土遗物均与石台子山城、凤凰山山城等相似，因此卧龙山山城始建年代应为5世纪以后。金代沿用了1号门，并加高了东侧墙体。

7月　　　徐韶钢等发掘朝阳市中宸学府墓地。

8月至12月　　　辽宁大学考古文博学院、辽宁省文物考古研究院联合发掘喀喇沁左翼蒙古族自治县二布尺南青铜时代遗址。发掘面积345平方米。清理石筑围墙院落1处、房址6座、墓葬2座、灰坑34座。出土陶器、石器、铜器、骨器等500余件。基本

卧龙山山城1号门

掌握了二布尺南遗址的文化堆积情况，对遗址的形成、发展、演变有了初步认识。

　　李树义、苏哲等发掘沈阳市铁西区马贝青铜时代遗址。发掘面积500平方米。清理东周时期的房址5座、灰坑66个、灰沟4条、竖穴土坑墓5座及瓮棺葬3座。出土了大量的陶质、石质遗物及少量的青铜质遗物。此次发掘发现了遗址的一部分核心区，进一步认识了马贝遗址聚落布局，同时丰富了郑家洼子类型的考古学文化内涵。发现的铜管形饰等铜质遗物，为推动东北地区青铜技术研究提供了新的考古材料。

10月至11月　　　　李海波等发掘辽阳市宏伟区杨家花园村汉代墓葬。

2023 年

2月至11月　　于怀石等开展大凌河中游（朝阳）地区红山文化考古调查。共调查先秦时期遗址453处，包含红山文化居住遗址78处、墓地40处、祭祀遗址1处，为更全面认识红山文化遗存的分布与特征补充了材料。

红山文化调查现场

3月至5月　　苏军强等发掘凌海市梁山汉墓。发掘东汉墓葬8座。墓葬均为砖室墓，以单室墓为主，整体等级不高。随葬品多为陶器，有瓮、罐、盆、耳杯、盘等日常用器，以及灶、井等模型明器。此次发掘对进一步认识东汉时期辽西走廊地区考古学文化面貌、人群构成以及中央政府对东北边疆地区的经营策略有重要学术意义。

4月至6月　　李海波等发掘彰武县大板辽墓。清理墓葬1座。

4月至12月　　王飞峰等发掘盖州市青石岭山城。发掘面积800平方米。发掘一号蓄水池南侧遗址，发现长度超过40米的挡水墙，为了解一号蓄水池周围遗迹和山城排水系统提供了重要资料。

辽宁大学考古文博学院、辽宁省文物考古研究院联合发掘喀喇沁左翼蒙古族自治县三家东北新石器时代遗址。发掘面积

500 平方米。发现灰坑、墓葬、烧坑等遗迹现象。

　　辽宁大学考古文博学院、辽宁省文物考古研究院联合发掘喀喇沁左翼蒙古族自治县二布尺南青铜时代遗址。

5月至10月　　中国社会科学院考古研究所、辽宁省文物考古研究院联合发掘建平县牛河梁遗址第一地点。

三家东北遗址发掘区全景

马鞍桥山遗址全景

5月至12月　　　　樊圣英等发掘建平县马鞍桥山遗址。发掘面积875平方米。共发现新石器时代遗迹17处，其中兴隆洼文化房址2座、灰坑2个，红山文化壕沟2条、灰坑6个，小河沿文化灰坑5个。此次发掘确认了该区域为兴隆洼文化、红山文化和小河沿文化聚落址共存区域，且红山文化的聚落环壕打破兴隆洼文化房址。遗址中兴隆洼文化和新发现的小河沿文化遗存为探寻红山文化的演变和源流问题提供了依据。

6月至7月　　　　褚金刚等发掘凌源市热水汤东山遗址。发掘面积580平方米。发现辽代窑址7座、灰坑3个、灰堆1处、清代墓葬2座。出土各类砖、瓦、瓷、铜钱等遗物30余件（套）。从考古工作成果分析，热水汤东山遗址与周边地区众多辽代遗址形成一处大的聚落遗址，遗址内有功能分区，东山遗址为烧制砖瓦的场所。

东山遗址窑址

6月至12月　　白宝玉、于怀石等发掘朝阳县刺槐山新石器时代遗址。清理红山文化房址1座、灰坑28个、灶址1座。出土遗物陶器包括筒形罐、斜口器、钵、

刺槐山遗址房址

盆等，石器包括石斧、石磨盘、石球、石叶、石核等。该遗址是大凌河流域首次系统发掘的红山文化聚落址，遗址规模较大，遗迹分布分散，地层较浅，是大凌河流域一处红山文化普通聚落址，亦非长久定居地。遗址发掘有助于深入了解大凌河流域红山文化聚落特征，进而推动与周邻地区红山文化聚落形态比较研究，并为红山社会文明化进程研究补充聚落考古材料。

7月至9月　　苏军强等发掘营口市九垄地遗址。发掘面积1500平方米。清理墓葬10座、房址8座、灰坑4座、窑址1座、水井1座。出土文物百余件（套）。该遗址的文化内涵与以往考古发现迥异，出土的遗物包含大量本地区少见的三燕文化因素，这既丰富了对九垄地遗址的认识，也对研究魏晋时期辽东半岛地区民族分布和文化交流等学术问题具有重要意义。

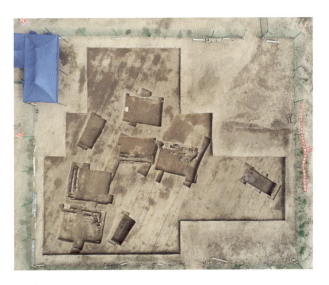

九垄地遗址发掘区全景

205

7月至12月　　褚金刚等发掘桓仁满族自治县大井地遗址。发掘面积约800平方米。发现房址5座、灰坑83个、灰沟3条、石墙1处、土墙1处、础石坑5座、室外灶1座。遗存大体分为四个时期：商代晚期至西周（青铜时代）、西汉晚期至东汉、三国魏晋南北朝、金代。大井地遗存以青铜时代和高句丽遗存较为丰富；高句丽遗存还可以进一步区分为早期、中期两个大的阶段。这是继吉林省通化县万发拨子遗址后，在浑江流域发现的又一处重要遗址。该遗址的发掘为了解鸭绿江—浑江流域新石器时代和青铜时代考古学文化面貌提供了新的视角，也为研究高句丽文化起源和高句丽文化分期积累了新的科学的资料。

11月　　辽宁省文物考古研究院、辽宁大学、河北师范大学联合开展大凌河上游地区旧石器考古调查。此次调查围绕喀喇沁左翼蒙古族自治县、凌源市南部地区开展，调查发现打制石器地点20余处，采集打制石器1000余件。

12月　　"文明发端地　古国牛河梁"红山文化最新成果论坛在朝阳市召开。

旧石器调查队员采集石器

后记
HOUJI

　　本书是辽宁省文物考古研究院众多专业人员携手合作的结晶。李宇峰、张桂霞、刘铭、李霞、王宇等同志投身其中，各施所长。最初，由李宇峰精心设计书稿内容结构，张桂霞与刘铭广泛搜罗整理海量资料，并挑列出部分条目，李霞梳理文字与图像资料，进一步补充条目。此后，李霞与王宇承担起撰写条目内容的工作，其中1954—2010年由李霞执笔，2011—2023年由王宇执笔。在照片搜集过程中得到了我院考古所、文物信息中心、辽宁省博物馆张力馆长等诸多同事的支持，在此一并致谢！

　　在七十年的时光长河中，辽宁考古取得了丰硕的成果。此次在资料搜集过程中，我们借助文物志、发掘简报、考古报告、年鉴等各类资料，仔细核查，不放过任何蛛丝马迹。然而，受时间与精力所限，实难向每一位考古经历者进行逐一核实，这无疑成为我们工作中的一大遗憾，导致有些珍贵的事件如同沧海遗珠，未能完整地呈现在本书之中。

　　我们深知本书还存在诸多不足，在此，真诚地欢迎各位读者、专家学者以及考古领域的前辈们批评指正。您的宝贵意见和建议，将如同一束束光，照亮我们后续完善和改进的道路，使我们能够在未来的资料整理工作中做得更加全面、深入，为辽宁考古事业的记录与传承贡献更多的力量。

编　者